Lier Abt Maximilian!

In herzliche Verbundenheit,

Stephan Pernkopf
Neu.Land.Leben
Gespräche zwischen Metaversum und Hobelbank

Stephan Pernkopf

Neu.Land.Leben

Gespräche zwischen Metaversum und Hobelbank

Redakteur sowie wohlmeinender und kluger Gesprächspartner bei der Erstellung dieses Buches war Daniel Dettling.

Danke an alle Gesprächspartnerinnen und Gesprächspartner der Werkstatt-Gespräche.

Sämtliche Fotografien in diesem Werk
© inshot Werbefotografie, Amstetten

Genderhinweis

Ich lege großen Wert auf geschlechtliche Gleichberechtigung. Ich habe deshalb versucht, so weit als möglich beide Geschlechtsformen auszuformulieren. Aufgrund der Lesbarkeit der Texte musste ich an manchen Stellen im Buch die verkürzte Sprachform wählen, was keine Benachteiligung des anderen Geschlechts bedeutet, sondern lediglich redaktionelle Gründe hat. Ich bitte dafür um Verständnis.

Medieninhaber © Verein Kreativplattform Neu.Land.Leben

Vertrieb an den Buchhandel:
Leykam Buchverlagsges.m.b.H. Nfg & Co.KG,
Dreihackengasse 20, Graz – Wien

Umschlaggestaltung und Layout: Gerhard Gauster
Gesamtherstellung: Leykam Buchverlag

www.leykamverlag.at
ISBN 978-3-7011-8256-5

Meine 10 Perspektiven für den Ländlichen Raum

Was unsere Dörfer und Gemeinden für eine gute Zukunft brauchen:

1. **Heimat und Horizont**
   Das Land braucht Wurzeln und Weltoffenheit.

2. **Kreislauf und Regional-Kauf**
   Wertschöpfung braucht Langfristigkeit und Vorrang für heimische Ressourcen.

3. **Handwerk und Haltung**
   Das Land braucht Landwirtschaft, Handwerk und ausgeprägte Werte.

4. **Lebendigkeit und Zuwachs**
   Das Land braucht Menschen – ohne „Dableibensvorsorge" kein Landleben.

5. **Solidarität und Sicherheit**
   Zusammenhalt braucht Verlässlichkeit.

6. **Natur und Nachhaltigkeit**
   Der Ländliche Raum braucht Landschaft – Raum für Produktion, Erholung und Natur.

7. **Wissen.Schafft.Kultur**
   Das Landleben braucht das Teilen von Wissen und Können.

8. **Politik und Bürger**
   Demokratie braucht Nähe und Eigenverantwortung.

9. **Bewegung und Lobby**
   Der Ländliche Raum braucht Bekenntnis und Akteure.

10. **Global plus lokal**
    Europa braucht mehr Subsidiarität.

TEIL 1

I.   Warum dieses Buch? 10

II. Meine 10 Perspektiven für den Ländlichen Raum 23

Was unsere Dörfer und Gemeinden für eine gute Zukunft

brauchen: 23

    1. Heimat und Horizont 24

    2. Kreislauf und Regional-Kauf 26

    3. Handwerk und Haltung 35

    4. Lebendigkeit und Zuwachs 42

    5. Solidarität und Sicherheit 45

    6. Natur und Nachhaltigkeit 47

    7. Wissen.Schafft.Kultur 53

    8. Politik und Bürger 54

    9. Bewegung und Lobby 58

    10. Global plus lokal 60

III. Neu.Land.Leben – Das Land hat Heimat und Zukunft 63

IV. Ausblick 69

TEIL 2

Werkstattgespräche 72

    Andreas Brandstetter 75

    Christa Kummer 87

    Erich Erber 97

    Julia Lacherstorfer 109

    Markus Hengstschläger 127

    Katharina Rogenhofer 143

    Paulus Hochgatterer 155

    Michael Landau 171

    Stephan Pernkopf 193

Bücher, Zitate, Quellen 207

Kurzbiografie 208

TEIL 1

I.   Warum dieses Buch?

Was wären wir ohne den Ländlichen Raum und das Landleben? Wenn das Leben in großen Städten und Ballungsgebieten als einzige Lebensform übrig bliebe, wäre unser aller Leben ein völlig anderes. Mit dem Alpenforscher und Kulturgeographen Werner Bätzing bin ich mir sicher: „Eine solche Welt würde ihre Menschlichkeit verlieren." Ein Leben ohne das Land können sich auch die Städter nicht vorstellen. Immer mehr von ihnen wollen mehr Landschaft und damit mehr Lebensraum, Luft und Platz. In den Städten werden Gärten gesucht und Parks und wilde Rasenflächen gefunden. Sie sorgen für ein besseres städtisches Klima, mehr Artenvielfalt und eine nachhaltigere Stadtentwicklung. Neben der Veränderung unserer Lebensräume geht es mir in diesem Buch aber auch um die Veränderung unseres sozialen Zusammenlebens. Der technische Fortschritt und die zunehmende Digitalisierung in allen Lebensbereichen sind überwiegend positiv zu bewerten. Mir fällt es aber schwer zu akzeptieren, dass die Leute einander lieber zum Onlinekaffee über Social-Media-Plattformen treffen, als gemeinsam in ein Kaffeehaus zu gehen.

Deshalb habe ich mein Buch unter den Titel „Gespräche zwischen Metaversum und Hobelbank" gestellt. Die Hobelbank soll Symbol sein für das aktive Leben, in dem wir als Menschen etwas Handfestes, etwas Besseres schaffen, aus unserer eigenen Überzeugung, nach unseren eigenen Plänen. Ich bin begeisterter Hobbytischler und habe Gesprächspartner zu mir in die Werkstatt eingeladen. Auch deshalb ist die Hobelbank sehr präsent in diesem Buch.

Das Thema Metaversum ist ein Thema, dem ich bisher kaum Beachtung geschenkt habe. Ich gehe davon aus, dass es vielen von Ihnen so geht, wie es mir bei diesem Begriff noch vor ein paar Monaten ging. Ich habe mich in diese Materie eingelesen und seither beschäftigt sie mich mehr als mir eigentlich lieb ist.

Der Begriff „Metaversum" tauchte erstmals 1992 auf und heißt so viel wie „jenseits des Universums". Dahinter verbirgt sich die Idee, das real existierende Internet zu einer gigantischen Parallelwelt in 3D weiterzu-entwickeln – einem erlebbaren Internet, bei dem man mittendrin ist, statt es von außen zu betrachten. Die Welt wird virtuell, aber scheinbar echt erlebt. In Wirklichkeit sitzt oder steht man im Wohnzimmer, mit einer Datenbrille am Kopf.

Jeder von uns hätte, wenn man so will, einen digitalen Zwilling, den man in der neuen virtuellen Welt steuern müsste.

Ich denke, dass diese digitale Weiterentwicklung wohl positive Seiten und Vorteile für die Bürger haben wird. Gleichzeitig bin ich bei diesen Themen immer sehr vorsichtig, weil meistens auch ein großes wirtschaft-liches Interesse hinter solchen Projekten steht. Und generell muss ich zur Anwendung von künstlicher Intelligenz immer wieder an Johannes Huber erinnern, der in seinem Buch „Die Kunst vom richtigen Maß" in einem Satz auf den Punkt bringt, wie auch ich es damit halte: „Die Meisterschaft des richtigen Maßes setzt voraus, über den Dingen zu stehen, sie zu steuern, statt sie uns steuern zu lassen."

Deshalb habe ich das Metaversum und die Hobelbank als zwei symbolische Extreme gewählt, zwischen denen ich mögliche Perspektiven für unser künftiges Zusammenleben abstecken möchte. Denn ich denke, dass wir gerade in der heutigen Zeit nicht nur virtuell und digital unterwegs sind. Wie viele habe ich in den Monaten der Corona-Pandemie das Greifbare, Haptische und Spürbare wieder kennen- und schätzen gelernt. Viele sind in der Pandemie von der Stadt aufs Land geflüchtet. Ohne den täglichen Spaziergang in der Natur, Gespräche mit Nachbarn, Familie und Freunden und das gemeinsame Musizieren mit Freunden hätte ich das Arbeiten im Homeoffice nur schwer aushalten können. Aus dem „Raus an die frische Luft" ist eine neue Lust auf's Land entstanden, die uns alle verbindet.

Mir geht es in diesem Buch daher nicht um ein negatives „Entweder-Oder", um ein „Stadt oder Land". Der Mensch braucht beides, auch wenn es da wie dort einigen nicht immer bewusst ist oder manche es auch nicht immer wahrhaben möchten. Land und Landschaft werden mehr und mehr zum

Thema, auch in den Städten. Die Stadt der Zukunft, so sagen Stadtforscher und -entwickler, ist grün und gesund und setzt auf mehr Gemeinsamkeit. Menschen, die auf dem Land leben wie ich, sind bereits in dieser Zukunft unterwegs. Unsere Dörfer, Gemeinden, Wälder und Wiesen sind Grundlage für ein gesundes und glückliches Leben. Gemeinsamkeit wird täglich gelebt, man unterstützt sich, kennt und grüßt sich. Viele waren froh über den eigenen Garten, einen Bauernmarkt oder Direktvermarkter in der Nähe, Nachbarinnen und Nachbarn und ein soziales Netz, das in der Stunde der Not funktioniert und getragen hat.

Und ich bin überzeugt: Die Pandemie wird gehen, die Vorteile des Ländlichen Raums werden bleiben. Und als Folge davon werden wir in Europa die Daseinsvorsorge außerhalb der Ballungsräume ausbauen. Mein Leitspruch ist schon immer: Man muss die Daseinsvorsorge zur „Dableibensvorsorge" ausbauen. Die essenzielle Frage ist nämlich nicht, ob die Menschen im Moment da sind oder nicht, sondern die Frage ist, wie wir es schaffen, dass die Menschen auch langfristig und nachhaltig dableiben. Die Landwirtschaft wird einen großen Beitrag zum Gelingen des Strukturwandels hin zu einer erneuerbaren und nachhaltigen Wirtschaft leisten. Für mich steht fest: sozialer, ökologischer und ökonomischer Fortschritt sind keine Gegensätze, sie bedingen sich. Das Modell der Ökosozialen Marktwirtschaft ist ein Win-Win für alle Unternehmen, Arbeitnehmer und für die Umwelt. Wenn der Ländliche Raum verliert, wenn Dörfer und Gemeinden keine Zukunft mehr haben, dann verlieren auch die Städte. Und umgekehrt hat der Ländliche Raum keine Perspektive, wenn die Städte niedergehen. Das Verhältnis zwischen Land und Stadt, zwischen ländlichen und urbanen Räumen, wird damit zur zentralen Zukunftsfrage. Ich plädiere in diesem Buch für einen neuen Deal, einen neuen Vertrag zwischen Stadt und Land. Meine Argumente dafür sind ebenso bunt und vielfältig wie unsere Gesellschaft. Das Sicherheitsbedürfnis der Menschen wird regionaler und lokaler. Die Menschen setzen zunehmend auf heimische und ökologische Produkte. Der ländliche Raum gewinnt als Produzent wichtiger Ressourcen an Bedeutung. Und auch die

Bereitschaft die regionale Landwirtschaft über höhere Preise für Lebensmittel wertzuschätzen, war in der Pandemie so hoch wie nie. Die steigende Lebenserwartung und Lebensqualität spiegeln sich auch im touristischen Angebot wider. Es geht um die Verbindung von sportlicher Betätigung in der Natur, in einer gesunden und grünen Landschaft und um ökologische Nachhaltigkeit.

Die Zukunft des Ländlichen Raums ist nicht nur eine nationale oder regionale Frage. Längst ist sie zu einer globalen Zukunftsfrage geworden. Wir stehen einer neuen sozialen Frage gegenüber, die der britische Entwicklungsökonom Paul Collier in seinem Bestseller „Sozialer Kapitalismus" sehr anschaulich beschreibt. Die Gehälter explodieren in den Metropolregionen, während viele ländliche Regionen Angst vor dem Abstieg haben und der Wohlstand zwischen Stadt und Land ungleich verteilt ist. Die Probleme des Ländlichen Raumes sind somit global und keine spezifisch österreichische Frage. Vor allem weil wir wissen, dass die Vergessenheitskurve dazu beitragen wird, dass viele der jetzt neu schätzen gelernten Vorteile des Landlebens in ein paar Monaten oder Jahren schon wieder als selbstverständlich verstanden werden.

An Sie, liebe Leserin und lieber Leser, in welcher Welt würden Sie leben wollen? In einer Welt, in der Sie Ihren Wohnungsnachbarn nicht kennen, in der Wachstum und Produktionssteigerung als oberster Zweck stehen und in der uns die Globalisierung weiter und weiter in eine Ecke der Abhängigkeit treibt?
Oder wollen Sie in einer Welt leben, in der Nachbarschaftshilfe und Solidarität selbstverständlich ist, in der Wachstum als Mittel und nicht als Zweck dient und in der Sie als Bürgerin und Bürger in ihrer Entfaltung frei und unabhängig sind?

Deshalb müssen wir uns die Frage, wie man unsere Lebensräume langfristig gestaltet, auch in Österreich stellen, sie breit diskutieren und zu neuen Antworten kommen. Die Menschen wollen wissen wie es weiter geht und was uns Orientierung auf dem Weg in die Zukunft geben kann. Lohnt sich ein Leben auf dem Land auch für meine Kinder und Enkelkinder? Wie stellen wir die Versorgung in einer älter werdenden Bevölkerung sicher? Und welches Wachstum und welcher Wohlstand ist angesichts der vielen Krisen dieser Zeit zukunftsfähig?

In diesem Buch habe ich meine Erfahrungen und Gedanken dazu in 10 Perspektiven für ein neues Landleben zusammengefasst. Sie leiten mein Tun und Arbeiten und verstehen sich als eine Einladung miteinander ins Gespräch zu kommen und diese gleichsam weiterzuentwickeln. Die 10 Perspektiven verstehen sich aber auch als Auftrag an uns alle. Zukunft gelingt nur gemeinsam und als tägliche Unternehmung. Unternehmen wir sie gemeinsam!

Aber worüber reden wir eigentlich, wenn wir den Begriff „Ländlicher Raum" oder „Landleben" in den Mund nehmen? Wissenschaftler versuchen seit Jahrzehnten, diesen Raum zu definieren und über Zahlen und Skalen festzumachen. Das ist verständlich und auch ein wichtiger Anspruch, aber für mich letztlich unbefriedigend, weil es mir zu technisch erscheint. Viele Trends und Zahlen sprechen für mehr Regionalität und Dezentralität. Etliche erfolgreiche Weltmarktführer haben ihren Sitz auf dem Land. Aber meistens findet man dort kleine und mittlere Unternehmen, darunter viele Familienunternehmen. Sie suchen händeringend nach Arbeitskräften oder Lehrlingen. Gleichzeitig ist die Beschäftigung im Ländlichen Raum oft stabiler.

Kein Wunder, dass ungefähr zwei Drittel der Österreicher in ländlichen Gebieten oder vorstädtischen Ballungsgebieten und nur jeder Dritte (ca. 34 Prozent) in Städten leben! Und immer mehr von ihnen zieht es aufs Land, vor allem junge Familien sind auf der Suche nach leistbarem Wohneigentum. Der Ländliche Raum steht für Zusammenhalt statt Anonymität, für Platz statt Enge und für Mutmachen statt Angsthaben. Mein eigener Versuch für eine Definition des Ländlichen Raums: Dorf und Ländlicher Raum ist für mich dort, wo man auf der Straße grüßt und gegrüßt wird, auch von Menschen, die man nicht persönlich kennt. Jeder von uns trägt daher den Ländlichen Raum mit sich – im Bauch und im Herzen. Für manche beginnt er wohl schon in Ober St. Veit oder in Grinzing Hintaus'. Für manch andere mag auch der Hartberger Hauptplatz oder das Zwettler Zentrum urban und anonym sein. Der Ländliche Raum ist keine Frage der geografischen Grenze, sondern des eigenen Horizonts und Verständnisses von Heimat.

Corona hat das Verhältnis von Stadt und Land grundlegend verändert. Aus früheren Nachteilen wurden Vorteile. Aus dem Vorurteil „Viel Landschaft und wenig Arbeitsplätze" wurde „Der perfekte Arbeitsplatz im Grünen". Leben auf dem Land ist gefragter denn je. Aktuelle Zahlen wie die des „Dorflebenreport 2021" belegen den Trend. Für die Mehrheit der Österreicherinnen und Österreicher ist der ideale Wohnort im Jahr 2030 die ländliche Region und die Kleinstadt. Das Dorf ist beliebter als die große Stadt. Während der Pandemie gaben mehr als 80 Prozent der Menschen an, lieber auf dem Land wohnen zu wollen. Wenn die Menschen frei wählen könnten, würden sich fast zwei Drittel (63 %) für eine ländliche Region entscheiden. Begründet wird das mit den Vorzügen wie geringere Wohnkosten, soziale Verbundenheit und dem subjektiven Sicherheitsgefühl. Gestiegen ist damit auch das Bewusstsein für regionale Produkte, soziale Kontakte und Nachhaltigkeit.
Umso wichtiger ist es zu betonen, dass das Land mehr ist und auch in Zukunft mehr sein muss als verkitschte Wochenendkulisse oder Idylle.

Über Weihnachten und Neujahr habe ich einige interessante Bücher gelesen und viel nachgedacht. Nachdem ich meine ersten Gedanken verschriftlicht hatte, kam es Ende Februar zum Überfall Russlands auf die Ukraine, der mich wahrlich überrascht hat und mir zu denken gibt. Zum ersten Mal seit 1945 ist es zu einem Angriffskrieg in Europa gekommen! Als Vater von drei kleinen Kindern, der mit bald 50 Jahren mitten im Leben steht, stelle ich mir wie viele die Frage: Was erwartet ein Kind, das 2022 zur Welt kommt? In welcher Zukunft werden unsere Kinder leben, welche Welt werden wir ihnen hinterlassen? Kinder lieben den Wald, sie brauchen gute Luft und gesundes Essen, vor allem aber unsere Zuwendung und Zeit. Dafür brauchen sie eine exzellente Infrastruktur zum Aufwachsen, vom Aufwachen bis zum Einschlafen. In einer hoch komplexen und arbeitsteiligen Welt brauchen junge Erwachsene eine gefestigte Wertebasis, um sich sicher und stark zurechtzufinden. In Afrika gibt es das schöne Sprichwort: „Um ein Kind zu erziehen, braucht es ein ganzes Dorf." Markus Hengstschläger, einer meiner Gesprächspartner dieses Buches, erweitert das sogar und meint: „Um ein Talent zu entdecken und zu fördern, braucht es mehrere Dörfer."

So viele Experten unserer heutigen Zeit beschäftigen sich mit der Frage, was man künftig alles noch weiter digitalisieren kann. Ich fände es einmal interessant eine Liste der Dinge zu erstellen, die man nicht digitalisieren kann. Denn ich bin der Meinung, dass diese mindestens genauso wertvoll sind. Natur, Nähe und Nachbarschaft brauchen reale Orte und Bindungen. Sie brauchen Vereine, Kunst und Kultur, Menschen und Begegnungen. Ich bin überzeugt: Gerade in Zeiten wie der Digitalisierung wird das Zwischenmenschliche an Bedeutung gewinnen und mehr Wert bekommen. Frieden, Freiheit und Wohlstand fallen nicht vom Himmel und sind nicht selbstverständlich. Wir müssen sie täglich und im Miteinander statt im Gegeneinander verteidigen und neu begründen. Die Geschichte lehrt uns: Offene Gesellschaften und liberale Demokratien sind widerstandsfähiger gegen den Verfall, als geschlossene und autoritäre Systeme. Demokratien stehen gesellschaftlichen Werten wie der Gleichberechtigung der Frau, Rechte von Homosexuellen, partizipativer Demokratie und Klimaschutz offener gegenüber. Demokratien sind erfolgreicher, wenn es um die Herstellung der Balance von Wohlstand, Freiheit, Frieden und Sicherheit und von Stadt und Land geht.

Meine persönliche und politische Prägung

Stadt und Land sind zwar unterschiedliche, aber dennoch gleichwertige Lebens- und Wirtschaftsräume, die voneinander abhängig sind und sich wechselseitig ergänzen. Nur gemeinsam ermöglichen beide Räume ein gutes Leben. Ich kenne beide Räume: die Stadt wie das Land, die Welt wie das Dorf. Ich bin vor allem aber ein Kind des Ländlichen Raums und bin auf dem elterlichen Hof im niederösterreichischen Mostviertel aufgewachsen. Mein Bruder hat den Hof von den Eltern übernommen und betreibt ihn noch heute. Meine Eltern und meine Volksschullehrerin waren meine ersten Vorbilder. Von ihnen habe ich Werte und Wertschätzung anderen gegenüber gelernt und einen gesunden Menschenverstand mit auf den Weg bekommen. Dazu gehört auch, dass man sich nur auf das verlassen kann, was man sich auch selbst erklären kann. Was sich einem, zumindest dem Grunde nach, nicht erschließt, das sollte man besser sein lassen. Mein Lehrer im Gymnasium, Professor Alfred Brandhofer, wies mich in den 1980er Jahren auf die Gefahr des Apartheid-Systems in Südafrika hin. Lange vor dem Fall der Berliner Mauer im Jahr 1989 war der Schrei nach Freiheit in vielen Regionen der Welt unüberhörbar. Rassismus, Diskriminierung und Hass sind auch heute noch eine Bedrohung unserer freiheitlichen Demokratie. Später habe ich in einer Stadt, Wien, studiert und unter anderem in New York als Praktikant gearbeitet. An all diesen Orten habe ich viel gelernt. In diesem Buch geht es mir nicht darum, Stadt und Land gegeneinander auszuspielen. Im Gegenteil: Städtische und ländliche Kultur bereichern sich. Ich selbst erfreue mich an jeder Probe in meiner Blasmusikkapelle als Klarinettist, genauso wie als Saxophonist in unserer „Stevens Big Band". Volksmusik und Jazz sind einander viel näher, als man auf den ersten Blick oder den ersten Ton vermuten würde.

Meine Heimat

Ich bin froh und dankbar, auf einem Bauernhof aufgewachsen zu sein. Nirgendwo sonst kann man das Wechselspiel von Mensch, Natur und Technik so unmittelbar erleben und den Kreislauf von Natur und Wirtschaft miterleben und verstehen lernen. Längst bin ich mit meiner Familie wieder zurück auf dem Land in meiner Heimat Wieselburg in Weinzierl, wo meine Frau und ich ein Haus gebaut haben. Wir haben diese Entscheidung als Familie wohlüberlegt und ganz bewusst getroffen. Unsere Kinder wachsen – wie wir damals – in einer dörflichen Umgebung auf. Wie uns geht es heute vielen Österreicherinnen und Österreichern. Was früher Utopie war, ist heute Realität. Dem Ländlichen Raum gehört die Zukunft. Ich sehe das ganz konkret an der steigenden Nachfrage nach Grundstücken, Häusern und Wohnungen und nach regionalen Lebensmitteln. Das Dorf ist die Stadt der Zukunft!

Die Renaissance des Ländlichen Raums

Nicht nur lokal, auch global ändert sich die Welt. Das 19. Jahrhundert war das Zeitalter der großen Imperien und das 20. Jahrhundert die Epoche der Nationalstaaten. Ich bin überzeugt: Das 21. Jahrhundert wird den ländlichen Regionen gehören. Im 19. und 20. Jahrhundert drängte alles in die großen Städte. Der Megatrend Urbanisierung führte zu einer langen Wanderung der Menschen in die Städte. Der Trend der Landflucht kehrt sich jetzt um. Immer mehr Menschen zieht es raus aufs Land, auch in Österreich. Noch ist es zu früh, von einer Stadtflucht zu sprechen. Eins ist für mich aber sicher: Die Corona-Pandemie wird mehrere Entwicklungen beschleunigen und verstärken. Es gilt, diesen Wandel zu verstehen, zu begleiten und zu gestalten. Wandel ist dann keine Bedrohung, wenn wir uns mit ihm auseinandersetzen und gemeinsam nach Alternativen und Lösungen suchen.

Mindestens vier große Entwicklungen sprechen für eine Renaissance des Ländlichen Raums. Erstens: der Trend der **Rurbanisierung**. Ich halte eigentlich nichts von neuen Wortschöpfungen, unter denen sich niemand etwas vorstellen kann, aber mittlerweile findet man dieses Wort in einschlägigen Fachdiskussionen. Rurbanisierung ist ein Kunstwort, das zusammengesetzt ist aus Rural, also ländlich, und Urbanisierung, also die Ausbreitung städtischer Lebensformen. Es soll so die Verschmelzung von ländlichen und städtischen Strukturen ausdrücken. Gemeint ist eine neue, sich gegenseitig befruchtende Balance, ein neues Miteinander von Stadt und Land. Während Städte sich dörflicher geben, wird das Land ein wenig urbaner. Wir müssen aber besonders darauf Acht geben, dass das Land auch Land bleibt und nicht zu sehr verstädtert. Denn es sind die ausgeprägten Werte, die die Zukunft verändern werden. Gewinner dieser Entwicklung sind vor allem jene Regionen, die schöne Naturlandschaften und ein aktives Sozial- und Vereinsleben haben.

Zweitens: **Digitalisierung** ist auch eine Chance für den Ländlichen Raum, wenn wir sie richtig angehen. Die digitale Transformation hält ja in diesem Zeitalter gerade Einzug, wie kaum eine andere technische Innovation. Wenn man sich vorstellt, dass dieses kleine Ding, welches wir alle mittlerweile beinahe 24 Stunden am Tag mit uns herumtragen, nämlich unser Smartphone, eine Rechenleistung hat, die millionenfach höher ist, als die des Bordcomputers von Apollo 11, die Raumfahrtmission mit der vor mehr als 50 Jahren die Mondlandung gelang, dann ist das schon mehr als beeindruckend.

Und dieser rasante Fortschritt hilft gerade auch für den Ländlichen Raum. Denn statt Zentralisierung geht es dabei ganz stark um Dezentralisierung. Noch nie haben so viele Menschen von zu Hause aus gearbeitet, wie während der Pandemie. Homeoffice wird, zumindest anteilig, auch nach Corona bleiben. Damit steigt für viele Beschäftigte, insbesondere für junge Familien, der Anreiz für Wohneigentum auf dem Land. Leben und Arbeiten auf dem Land stärkt die Vereinbarkeit von Beruf und Familie, wenn das tägliche Pendeln wegfällt. Es entlastet die Umwelt, wertet den Ländlichen Raum auf und führt dazu, dass mehr Menschen Zeit in den Gemeinden und Dörfern verbringen. Dadurch wird auch der gesellschaftliche Zusammenhalt gestärkt. Drittens führt auch der **Klimawandel** zu einer Renaissance der ländlichen Regionen. Umwelt- und Lebensqualität sind hier höher als in den großen Städten und Ballungsgebieten.

In diesem Wandel liegen enorme Chancen für Österreich: Für den Klimaschutz braucht es die heimischen Unternehmen, damit wir Arbeitsplätze in unseren Regionen schaffen. Niemand hat dafür so gute Voraussetzungen wie wir in Österreich. Ohne ländliche Windenergie, Wasserkraft, Biomasse und Photovoltaik wird uns die Energiewende nicht gelingen. Statt um Atomkraft und fossiles Gas geht es um erneuerbare Energie. Und immer mehr Menschen wollen auch qualitative Lebensmittel aus ihrer Region. Regional ist stärker als Bio. Für die heimischen Bauern ist das eine enorme Chance. Damit einher geht die vierte Veränderung: Die **Globalisierung**. Im Zuge der Corona-Pandemie kommt es zunehmend auf robuste und resiliente Lieferketten an. In der nächsten Stufe der Globalisierung wird es darauf ankommen, kleine und lebendige Einheiten zu schaffen. Supereffiziente „just-in-time"-Produktion hat sich als zu fragil und wenig nachhaltig erwiesen. Auch der Angriffskrieg Russlands auf die Ukraine zeigt, dass wir noch schneller raus aus fossilen Energien und autonomer und nachhaltiger werden müssen. Unser Leben in Europa hat nur dann eine Zukunft, wenn wir achtsamer und verantwortlicher mit Menschen, wie mit der Umwelt umgehen.

Der gemeinsame Weg zur guten Zukunft unserer Dörfer

Dieses Buch ist Ergebnis vieler Gespräche, die ich in den letzten Monaten geführt habe. Mit Persönlichkeiten, die mir viel bedeuten, mit Bürgern, Wissenschaftlern, Unternehmern und Künstlern. Mit einigen von ihnen habe ich „Werkstattgespräche" über die Zukunft des Landlebens geführt, die im hinteren Teil des Buches nachzulesen sind. Unter dem Motto „zwischen Metaversum und Hobelbank" habe ich versucht meinen Gesprächspartnerinnen und Gesprächspartnern zu entlocken, wie sie das Zusammenspiel von virtuellen und reellen Welten in Zukunft einschätzen. Bei diesen Gesprächen ging es dann aber oft auch um gesellschaftliche Fragen wie Rassismus, um die Rolle der Frau oder Musik und Kultur. Ich habe die Gäste zu mir nach Hause eingeladen und mit ihnen in meiner kleinen

Werkstatt einen Schuhlöffel aus Holz hergestellt. Ich arbeite gerne mit Holz und ein Schuhlöffel ist einfach und schnell herzustellen. Ein Schuhlöffel ist auch ein wichtiges Symbol: Wenn wir uns auf den Weg machen, nach draußen gehen, kommen wir leichter in die Schuhe und können uns besser auf den Weg machen. Er ist ein steter, unauffälliger Begleiter und Helfer, erprobt, praktisch und langlebig.

Dieses Buch ist ein Gespräch über die Zukunft und unsere gemeinsame Heimat. Zukunft und Heimat haben eines gemeinsam: Herkunft. Ich lade Sie, liebe Leserin und lieber Leser, ein, sich mit mir auf den Weg zu machen in eine bessere Zukunft. Ich bin fest davon überzeugt, dass unser Land seine beste Zeit noch vor sich hat. Die Vergangenheit lehrt uns: Eine bessere Zukunft ist immer auch das Ergebnis aus Mut und Zuversicht in der Gegenwart.

Perspektivenwechsel: Neu.Land.Leben

Das Land ist Raum für Heimat, Leben, Wirtschaft, sozialen Zusammenhalt, Kultur und Demokratie. Immer mehr Menschen sehnen sich nach einem „guten Leben" am Land, wo Freiheit, Regionalität, die eigene Identität und Heimat eine wichtige Rolle spielen. Aus diesem Grund habe ich die Initiative „Neu.Land.Leben" gegründet.

Eine Plattform für das Leben im Ländlichen Raum mit dem Ziel, die Lebensqualität in den Regionen zu steigern. Gemeinsam mit allen, die auch dieses Ziel verfolgen, will ich Mut machen, Neuland betreten und neue Wege gehen. Statt Bergidyllen und Kirchtürme zu romantisieren, will ich nach vorne in die Zukunft aufbrechen, wo beides geht: Heimat und Horizont. In einer Zeit, in der politischer Populismus und autoritäres Denken weltweit zunehmen, müssen wir dagegenhalten und unsere Werte und Überzeugungen offensiv vertreten. Die Chancen sind größer als die Probleme. Wir brauchen einen Perspektivenwechsel. Brechen wir auf in die Zukunft und lassen eingefahrene Bahnen hinter uns! Gehen wir es an.

Den Wechsel schaffen wir nur mit den Menschen und Unternehmen und nicht gegen sie. Verbote oder gar eine „Ökodiktatur" sind weder demokratisch noch nachhaltig. Debatten wie der Verzicht auf Kinder, das Auto oder von Wohneigentum aus Gründen des Klimaschutzes spalten die Gesellschaft und bringen uns nicht weiter. Erst Kinder machen eine Gesellschaft lebenswert. Erst die Elektrifizierung macht Mobilität sauber und Wohneigentum gibt allen Menschen Sicherheit und Heimat.

Dieses Buch ist ein Mutmacher für das alte und vor allem neue Leben auf dem Land. Mut machen mir die Gespräche mit den interessanten Persönlichkeiten in meiner Werkstatt, die ich für dieses Buch geführt habe. Mut machen mir täglich die Bürgerinnen und Bürger mit ihrem Engagement und ihrer Begeisterung. Das ist ein Plädoyer für ein neues Lebensgefühl. Nichts ist mächtiger als eine Idee, die umgesetzt wird.

Dem Land gehört die Zukunft!

II. Meine 10 Perspektiven für den Ländlichen Raum

Was unsere Dörfer und Gemeinden für eine gute Zukunft brauchen:

Die vorne beschriebenen Trends zeigen: Wir brauchen einen neuen Blick auf unsere Heimat. In einer schneller werdenden Welt gleichen sich auch die Bedürfnisse und Ansprüche der Menschen an. Nach Erreichbarkeit und Geschwindigkeit, nach Verfügbarkeiten und Möglichkeiten und nach neuer Freiheit und altgewohnter Sicherheit. Nicht Kilometer-Entfernungen entscheiden über die Attraktivität einer Region, sondern die Kreativität und Innovationskraft ihrer Menschen. Damit der Ländliche Raum ein lebenswerter Lebens- und Wirtschaftsraum bleibt, braucht es dezentrale Strukturen und Räume, in denen Heimat, Alltag, Wirtschaft, Solidarität, Kultur und Zukunft möglich sind.

Eine zentrale Frage für die Zukunft des Landlebens wird mir zu wenig behandelt. Statt nur um die Frage: „Was wollen wir vom Ländlichen Raum?", muss es auch um die Frage gehen: „Was braucht der Ländliche Raum, um ihn erhalten zu können?" Schließlich sind ein intakter Ländlicher Raum, Dörfer und Gemeinden am Land die Grundlagen für das gemeinsame Ziel, ein sozial, ökologisch und ökonomisch attraktives Land zu schaffen. Ich bin überzeugt: Die Corona-Pandemie, der Klimawandel und auch der Krieg in der Ukraine werden den Wandel hin zu einer nachhaltigen und ökosozialen Marktwirtschaft beschleunigen. Dieser Wandel braucht möglichst exzellente Rahmen- und Förderbedingungen und Menschen, die den Wandel mit Leben füllen.

Meine Erkenntnisse und meine Überzeugungen über die Zukunft des Landlebens habe ich in den folgenden zehn Perspektiven zusammengefasst. Diese Perspektiven verbindet eine Haltung: Fürsorge und Fairness ist besser als Egoismus und Rücksichtslosigkeit; Mut und Zuversicht sind bessere Ratgeber als Wut und Ohnmacht; Ökonomie und Ökologie schließen sich nicht aus, sie gehören zusammen.

1. Heimat und Horizont
Das Land braucht Wurzeln und Weltoffenheit.

Der britische Publizist David Goodhart hat in seinem 2017 erschienenen Buch „The Road to Somewhere" vor einer neuen Spaltung der Gesellschaft gewarnt. Er sieht zwei Wertewelten, die sich unversöhnlich gegenüberstehen: Die Welt der Bürger und die der Eliten. Während die Eliten als „Anywheres" beinahe überall auf der Welt zuhause sind, sind die normalen Bürgerinnen und Bürger als „Somewheres" auf ihre lokale Heimat festgenagelt. Die „Anywheres" gehören zur meinungsbildenden Elite, verfügen über einen hohen Bildungsstand und ein auf ihrem beruflichen Erfolg beruhendes Selbstbewusstsein. Die „Somewheres" lehnen den permanenten Wandel ab und vertreten die Einstellung, dass sich die Welt in jüngster Zeit fundamental verändert hätte, was ihnen Unbehagen bereitet, da sie sich fremd im eigenen Land fühlten. Gegenüber Migration, dem Wandel der Geschlechterrollen und der Überbetonung höherer Bildung sind sie weit skeptischer. In einem kosmopolitischen, liberalen und weltoffenen Land fürchten sie den Verlust ihrer kulturellen Sicherheit. Wo sich die „Anywheres" zu den Gewinnern zählen, fühlen sich die „Somewheres" als Modernisierungsverlierer. Während die Kosmopoliten für die Öffnung der Identitäten und Märkte sind und sich gegen eine zu starke Ordnung und Regulierung aussprechen, setzen die anderen auf Schutz ihres Status und auf Sicherheit. Wie können wir die beiden Wertewelten verbinden und die Menschen versöhnen?

Mir geht es um beides: um Heimat und Horizont, Wurzeln und Flügel. Wir Österreicher wissen durch den Lauf unserer Geschichte, wie wichtig es ist, diese Werte zu pflegen. Die Verbundenheit mit der Heimat darf nicht als politisches Propagandamittel verwendet werden, um gegen andere aufzuhetzen. Um davor gefeit zu sein ist es wichtig, dass wir jungen Menschen die Möglichkeit geben, ihren Weitblick zu öffnen, andere

Kulturen kennenzulernen und auch selbst immer wieder den Blick über den Tellerrand zu wagen. Nicht alles Traditionelle ist gut – nicht alles Neue ist schlecht. Wichtig ist, bewusst offen zu bleiben für neue Zugänge, aber ohne das Bewährte aus den Augen zu verlieren. Österreich konnte in den vergangenen Jahrzehnten auch deshalb nur so erfolgreich sein, weil wir unseren Regionen, Traditionen und Handwerken treu geblieben sind. Auch wenn das in gewissen Zeiten finanziell nicht die lohnendsten Tätigkeiten waren, so sind wir heute auch mit unserer Forschungslandschaft europa- und weltweit attraktiv für junge Menschen, Wissenschaftler und Unternehmen. Eine Gesellschaft, die diese Werte in sich gefestigt hat, hat Heimat und Zukunft. Wir sind das Land der Arbeiterinnen und Arbeiter, der Unternehmen und Betriebe, der Wissenschaft und Forschung, der Lebensqualität und des Zusammenhalts aller Generationen. Lasst uns mutig in die neuen Zeiten gehen, zuversichtlich, zukunfts- und hoffnungsreich!

Aber damit das Landleben Zukunft hat, dürfen wir unsere Augen auch nicht vor der Welt, vor der Buntheit unserer Gesellschaft verschließen. Wir müssen offen sein für Neues und noch mehr: Wir brauchen diese Offenheit auch in unserer Dorfkultur. Schnelle Erreichbarkeit, Internet und soziale Medien lassen geografische Grenzen und Entfernungen längst zweitrangig werden. Binnen weniger Stunden können heute Flugtickets gebucht werden. Nur die allerentferntesten Flecken dieser Erde sind weiter als zehn, zwölf Stunden von der eigenen Haustür entfernt. Über Soziale Medien kann das Leben von Freunden, Verwandten oder auch Berühmtheiten auf der anderen Seite der Weltkugel genauer und intensiver verfolgt

>> Es gibt Bereiche, wo es total wichtig und sinnvoll ist, Wissen zu tradieren und weiterzugeben. Das gilt für alles, was Handwerk betrifft, oder altes Heilwissen, oder was musikalische Quellen betrifft. Gleichzeitig bin ich immer sehr vorsichtig, weil es unter dem Deckmantel „Tradition" zu einer rigiden und verengten Sichtweise kommen kann. Dann kann es passieren, dass man neue Strömungen von vorne herein ablehnt oder dadurch Menschen ausgrenzt, weil sie eben nicht in dieses traditionelle Schema passen.

Julia Lacherstorfer

werden, als das der eigenen Nachbarn. Oft sogar mit besserer Video- und Tonqualität, als übers gute alte Festnetztelefon. Die Digitalisierung ermöglicht für viele Berufe ein Arbeiten von zuhause aus, Homeoffice und Online-Meetings machen dies leichter, als wir alle vor wenigen Jahren noch dachten. Co-Working findet zunehmend auch auf dem Land statt und wertet Dörfer und Ortskerne auf. Gleichzeitig kennt man sich am Land, grüßt einander und nimmt Anteil an freudigen wie an traurigen Lebensereignissen. Man stellt Holzstörche für Neugeborene auf und kondoliert bei Todesfällen. Der ländliche Raum zeichnet sich heute durch beides aus, durch Heimat und Horizont, durch Tradition und Weltoffenheit. Das müssen wir erkennen, erhalten und erweitern. Durch den Ausbau der digitalen Möglichkeiten und Bandbreiten gleichermaßen, wie durch die Weitergabe von Traditionen, Bräuchen, Werthaltungen und Umgangsformen, an die nachfolgenden Generationen genauso wie an Zuzügler und Wieder-Ankömmlinge. Das Land wird zum Ort der Transformation, sozial, ökologisch und auch wirtschaftlich.

2. Kreislauf und Regional-Kauf
Wertschöpfung braucht Langfristigkeit und Vorrang für heimische Ressourcen.

Unser Wohlstand braucht einen neuen Begriff von Wachstum. Ökonomische Vordenker wie Adam Smith und John Stuart Mill waren weiter als wir. Sie definierten Wachstum als Steigerung der Wohlfahrt und bezogen auch andere Faktoren und Werte ein. Wirtschaften ist mehr als Gewinnmaximierung. Es muss auch um Lebensqualität, Zusammenhalt, Freiheit und Sinn gehen. Je intelligenter wir wachsen, desto nachhaltiger können wir leben. Unser Wohlstand basiert in vielen Fällen auf der Tatsache, dass wir Ressourcen aus anderen Teilen der Welt billig einkaufen, die dort durch niedrige Lohn- oder Sozialstandards, Ausbeutung von Natur und Umwelt oder schlechten Produktionsbedingungen entstanden sind. Das gilt vor allem für Kleidung, aber auch Elektronik oder Lebensmittel. Oder aber auch wenn es darum geht, woher wir unsere Energie beziehen. Denn wenn wir einen kritischen Blick darauf werfen, woher wir Gas, Öl oder Metalle beziehen, dann wird klar offensichtlich, dass diese Rohstoffe meist in Ländern abgebaut werden, in denen Menschenrechte verletzt werden. Wir holen uns Öl aus Ländern, in denen Mädchen nicht zur Schule gehen dürfen. Wir kaufen Gas aus einem Land, das gerade in der Sekunde einen Krieg gegen eines ihrer Nachbarländer führt. Großkonzerne betreiben Kinderarbeit in China, um seltene Erden billigst nach Europa zu transportieren. Diese Liste könnte man wahrscheinlich endlos fortführen.

Fakt ist: Entwicklungsländer sind häufig reich an Rohstoffen. Wir bauen diese im Ausland zu widrigsten Bedingungen der dort arbeitenden Menschen ab und verwerten sie dann bei uns in den Industrieländern. Also in jenen Ländern, in denen die Menschen mehr Geld haben, um sich Konsumgüter zu kaufen. Das führt zu einem Missverhältnis: Gerade einmal ein Fünftel der Weltbevölkerung verbraucht vier Fünftel der Rohstoffe. Das heißt: Die Länder, die die Rohstoffe besitzen, haben nicht viel davon – der eigentliche Gewinn, die Wertschöpfung, verbleibt in anderen Ländern.

Ich breche hier keine Lanze gegen den Wohlstand, aber ich breche eine Lanze für ein Umdenken, wie lange wir Güter nutzen und ob wir zu einer Kultur des „Reparieren statt Wegwerfen" kommen.

Die Wertschöpfung im Ländlichen Raum muss deutlich erhöht werden – das geht vor allem durch die Veredelung, Weiterverarbeitung und Wiedereinbau von Rohstoffen.

Das Prinzip der Nachhaltigkeit ist eine grandiose Idee und ist für mich der zentrale politische Imperativ: Wir müssen die Welt mindestens so lebenswert hinterlassen, wie wir sie vorgefunden haben!

Das globale Ziel einer klimaneutralen Wirtschaft wird nur mit dem Ländlichen Raum gelingen. Diese Erkenntnis vermisse ich besonders, wenn ich auf die Pläne und Strategien schaue, die aus Brüssel kommen. Ich denke, dass mit dem Green Deal zumindest gelungen ist, allen Mitgliedstaaten bewusst zu machen, wie ernst es um den Kontinent Europa steht, wenn in der Klimafrage sich nicht bald mehr bewegt. Aber auch gerade zur

Umsetzung des Grünen Deals bräuchte es unterschiedliche Stadt-Land-Perspektiven. Zentrale Fernwärme-Netze funktionieren in Ballungsgebieten, während es am Land viele kleine Biomasse-Selbstversorger und Energie-Genossenschaften gibt. Früher waren die Erneuerbaren Energien „schuld" am hohen Strompreis. Heute sind die Erneuerbaren Energien die, die den Strompreis senken, die Versorgungssicherheit erhöhen und den Wirtschaftsstandort sichern. Das sehen wir bei europäischen Ländern mit einem hohen Anteil an sauberer Energie aus Erneuerbaren Quellen und am Strommarkt.

Die Energiewende birgt jedoch nicht nur Potenziale für die Ländlichen Räume, sondern auch Herausforderungen. In meiner Funktion als Regierungsmitglied erlebe ich das tagtäglich. Dominierend dabei sind vor allem die Interessenskonflikte, die bei der Landnutzung entstehen. Doch ich habe in den letzten Jahren auch eines gelernt: Das wichtigste ist, dass diese Konflikte moderiert werden. Bürgerinnen und Bürger müssen aktiv in die Energiewende eingebunden und vor allem auch ausreichend informiert werden. Wenn wir unser Energiesystem umbauen wollen, dann dürfen wir den Ausbau der Erneuerbaren Energieträger nicht nur dulden, sondern müssen ihn aktiv ermöglichen und unterstützen.

Deshalb bin ich schon lange der Meinung, dass wir weg müssen von möglichst vielen verschiedenen Förderschienen, hin zu möglichst viel konkreter Umsetzung. Denn wir haben in den letzten Jahren ja gesehen, dass vieles davon nicht bei den Bürgerinnen und Bürgern ankommt. Überspitzt kann man formulieren, dass das österreichische Fördersystem auf einem Bittstellerprinzip aufgebaut ist, bei dem die Förderwerber, Häuslbauer, oder Elektroautokäufer dem Staat dankbar sein dürfen, sollten sie eine Unterstützung bekommen. Eigentlich sollte es doch anders sein, und „Vater Staat" jedem Danke sagen, der eine ökologisch sinnvolle Maßnahme tätigt. Nicht per Händedruck, sondern mit barem Geld. Nicht mit komplizierten Einreich- und Abrechnungssystemen, sondern einfach mit Rechnung.

Ich plädiere dafür, dass es statt sprichwörtlich „15 verschiedene Förderstellen", eine einzige gibt, die alle ökologischen Maßnahmen unserer

Bürgerinnen und Bürger ausreichend finanziell unterstützt. Wenn es uns ernst ist mit der Förderung von nachhaltigen Klimamaßnahmen, dann müssten wir nun diesen Tatendrang der Österreicherinnen und Österreicher mitnehmen und beschleunigen.

Denn die Energiewende ist längst zur Energiebewegung geworden, getragen von engagierten Gemeinden und Bürgern. Energiegemeinschaften und -genossenschaften sind praktizierte ökologische Nachbarschaftshilfe. Sie sind die Nachbarschaftshilfe der Zukunft!

Essenziell dabei ist auch, dass wir alle Zielgruppen offensiv ansprechen. Besitzer von Einfamilienhäusern, Bäuerinnen und Bauern und natürlich auch die Wirtschaftstreibenden. Schon heute gibt es zum Beispiel Konzepte, Photovoltaikanlagen in die landwirtschaftliche Produktion zu integrieren und damit Flächen doppelt zu nutzen. Auch Windkraftanlagen lassen sich bei guter Planung hervorragend in unsere Landschaften integrieren. Zwar werden auch im städtischen Raum viele Maßnahmen ergriffen – die Stadt Wien plant zum Beispiel eine umfassende PV-Offensive. Vorreiter ist aber der Ländliche Raum, weil hier ein näherer Bezug zu Energieverbrauch und -gewinnung besteht und auch mengenmäßig mehr geleistet werden kann und muss. Ein großer Teil der Ökostrommilliarde wird also in Gegenden verwendet werden, in denen weniger Menschen als in der Stadt leben, wo aber viel Fläche mit guten natürlichen Bedingungen für Wind-, Solar- und Wasserkraft vorzufinden ist.

Wenn der Strom nicht nur aus der Steckdose, sondern von der Photovoltaikanlage am Dach kommt und wenn die Heizung nicht vom russischen Gas, sondern vom Pelletsofen im Keller gewärmt wird, dann wird man rasch selber zum zur Energiebotschafterin und Energiebotschafter und überzeugt seine Nachbarn, Freunde und Kollegen, ebenfalls umzusteigen und sich seine Energie selber zu erzeugen. Gerade dort, wo es ein

> Warum fördern wir ein Wasserstoffauto, wenn es mit grauem Wasserstoff fährt, also der Wasserstoff mit Hilfe von Kohle produziert wird? Warum unterstützen wir die Produktion von grünem Wasserstoff nicht? Es gibt Dinge, die muss man vordenken und irgendwann werden sie zum Standard.
>
> **Erich Erber**

reges Vereinsleben gibt, lässt sich das beobachten. Die Mundpropaganda während der Musikprobe oder nach dem Tennis-Match wirkt besser als jede teure Werbekampagne.

Besonders auch die heimische Wirtschaft profitiert von Energie, die nicht aus unsicheren Märkten importiert werden muss, sondern dezentral bei uns gewonnen wird. In den vergangenen Jahren hatten wir es mit einem ansteckenden Virus zu tun; ich bin aber sicher: auch das TUN ist ansteckend. Genau das sehen wir gerade im Bereich der Energiewende.

Der konsequente Umstieg auf unsere heimischen Ressourcen ist also nicht nur eine ökologische Notwendigkeit, sondern auch eine ökonomische Vernunftentscheidung. Klimaschutz ist Konsumentenschutz. Und wenn ich jetzt meinen Blick auf unseren alten Kapsch Dramaturg TS Radio in unserem Wohnzimmer werfe, sehe ich ein tolles Symbol dafür, dass einer der wichtigsten Hebel beim Klimaschutz darin liegt, Dinge länger in Verwendung zu halten. Ein Radio mit einem besseren Sound, als ein heute produzierter und der aus dem Jahr 1970 stammt – das heißt praktisch null CO_2-Emission. Gleiches gilt für meinen Unimog, Baujahr 1957, den ich bis heute in Verwendung halte und noch jeden Ersatzteil selber wechseln kann.

Es kann nicht sein, dass es ewig so sein wird, wie Robert Quillen es beschrieben hat: „Zu viele Leute geben Geld aus, das sie nicht haben, um Dinge zu kaufen, die sie nicht brauchen, um damit Leute zu beeindrucken, die sie nicht mögen." Das kann auf Dauer keine Prämisse unserer Konsumgesellschaft sein. Wir müssen die Wegwerfgesellschaft überwinden und zu einer Kreislaufwirtschaft kommen. Ihr Ziel ist die Verlängerung der Nutzungsdauer und die Entwicklung langlebiger Güter und Geschäftsmodelle. Warum werden die meisten T-Shirts bereits nach wenigen Monaten weggeworfen und ein Großteil der Lebensmittel landet auf dem Müll? Mein Ziel ist „kein Müll" (zero waste). Unser Nachbar Slowenien zeigt, dass dies möglich ist. Die Hauptstadt Ljubljana ist dank weniger und besser recyclebaren und kompostierbaren Mülls die erste europäische Zero Waste-Hauptstadt Europas. Inzwischen gibt es ein Netzwerk europäischer

Der Unimog der Familie Pernkopf, der schon lange in Verwendung ist und durch die Langlebigkeit einen kleinen ökologischen Fußabdruck schafft.

Städte, die sich dem Ziel verpflichtet haben (www.zerowastecities.eu). „Brand-eins", ein deutsches Wirtschaftsmagazin hat zum Jahreswechsel einen Artikel unter dem Titel „Die Welt in Zahlen" publiziert. Ich war sehr verwundert, als ich las, dass die durchschnittliche Nutzungsdauer einer Bohrmaschine in ihrem gesamten Leben nur 13 Minuten beträgt. Ich konnte mir das anfangs nicht erklären, weil das bei meiner Bohrmaschine sicher nicht der Fall ist. Doch wenn man sich die Anzahl an Bohrmaschinen im Vergleich zur Anzahl der Haushalte ansieht, dann erscheint einem das schon logisch und zeigt gleichzeitig, wie groß das Potential für das Teilen von Ressourcen ist. Langlebigkeit muss zum obersten Wert einer ressourcenschonenden Ökonomie werden. Für viele kleine Handwerksbetriebe ist der Wandel zur Reparatur- und Recyclingwirtschaft eine enorme Chance. Nachbarn leihen sich Werkzeuge oder andere Gegenstände aus. Das stärkt den Zusammenhalt und ist nachhaltig. Studien zeigen, dass Gesellschaften, die sich dem Ziel einer ressourceneffizienten Zero Waste-Zukunft verpflichtet haben, eine höhere Quote lokalen gesellschaftlichen Engagements aufweisen. Die Wiederverwendung von alten Ressourcen kann eine sehr erfüllende Aufgabe für uns Menschen sein. Wenn ich selbst in meiner Werkstatt die Haustüre unseres alten Bauernhauses restauriere und in verwendbaren Zustand bringe, dann ist das nicht nur Recycling. Es fördert auch meine handwerklichen Fähigkeiten und verbindet mich mit meinen Wurzeln und meiner Familiengeschichte. Maja Göpel hat das in ihrem Buch „Die Welt neu denken" ganz treffend formuliert: „Der bedeutende Unterschied zwischen solchen Systemen, die der moderne Mensch baut, und solchen, die in der Natur vorkommen, ist, dass Letztere durch eine hohe Diversität gekennzeichnet sind und in einem Kreislauf funktionieren. Im natürlichen System gibt es niemanden, der etwas rausnimmt, ohne es nicht in einer weiter verwertbaren Form wieder zurückgeben. Der Abfall des einen ist die Nahrung des anderen. Greift der moderne Mensch in so ein gewachsenes System ein, wird aus dem Kreislauf ein Förderband, das nur noch in eine Richtung läuft. Vorne wird abgebaut, dann verbraucht, und hinten entsteht Müll, der für niemanden Nahrung ist. Natürliche Systeme sind auf Dauer angelegt und nicht auf Moment."

Daraus lässt sich also ein ganz klarer Auftrag ableiten, dem ich mich anschließe: Wir müssen weg vom Förderband, das nur in eine Richtung läuft, hin zur Kreislaufwirtschaft, die langfristig bleiben kann!

Die Corona-Pandemie, der Klimawandel und auch der Krieg in der Ukraine zeigen: Wir müssen schneller eine regenerative Welt ohne Gas und Öl schaffen. Erneuerbare Energien und Kreislaufwirtschaft sind ökonomisch und ökologisch sinnvoll. Das Prinzip der Langlebigkeit muss zum obersten Wert einer ressourcenschonenden Ökonomie werden. Um die Krisensicherheit in Europa, Österreich und den Gemeinden vor Ort zu gewährleisten, müssen wir neben der Produktion vor Ort auch die lokale Vorratshaltung forcieren. Unlängst hat mir ein Bekannter erzählt, dass er seine Stehlampe weggeworfen und das exakt selbe Modell neu gekauft hat, weil das Leuchtmittel darin so verbaut war, dass man es gar nicht durch eine neue Birne austauschen konnte. Das ist für mich der pure

Die Holztür des Elternhauses macht nun als neue Kellertür
die Tradition spürbar und schont Ressourcen.

Wahnsinn. Statt unsere Wirtschaft darauf auszulegen, dass Konsumentinnen und Konsumenten stetig neu kaufen, anstatt zu reparieren, geht es darum, Nachhaltigkeit als gängiges Prinzip des Wirtschaftens zu verankern. Die Kreislaufwirtschaft ist nicht nur nachhaltiger, sie ist auch ökonomischer, als die Wegwerf-Wirtschaft. Ein „Recht auf Reparatur und leistbare Ersatzteile" schützt das Klima und den Verbraucher, spart Ressourcen und stärkt die heimische Wirtschaft, die Handwerksbetriebe und Manufakturen vor Ort. Genauso müssen wir auf Lebensmittelkrisen vorbereitet sein. Die Wertschöpfung im Ländlichen Raum muss deutlich erhöht werden. Ein attraktiver und starker Lebensraum braucht eine starke, regionale Wirtschaft am Land.

Nicht nur der Zentralismus, auch das alte Modell der Globalisierung und sein Mantra „höher, schneller, weiter" ist längst überholt. Die Corona-Pandemie hat vor allem gezeigt, dass die just-in-time-Produktion in Fernost nicht funktioniert, wenn Lieferketten unterbrochen sind. Globalisierung hat nur dann eine Zukunft, wenn sie dezentral wird. Es geht um gute und belastbare Standort-Faktoren in den ländlichen Regionen für alle. Es geht um krisensichere, robuste und stabile Systeme und Infrastrukturen. Europa will als Antwort auf die Unterbrechung der Lieferketten in Folge der Pandemie in etlichen Branchen autonomer und souveräner werden. Dazu gehören die kritischen Infrastrukturen wie Energie, Ernährung, Industrie und Gesundheit. In diesen Sektoren gehören die österreichischen Unternehmen zur Weltspitze.

Was für mich aber ein ganz zentrales Thema ist und worauf leider oftmals vergessen wird, ist die Versorgungssicherheit mit hochwertigen Nahrungsmitteln. Ich bin der Meinung die EU täte auch gut daran, Überlegungen zur Lagerung von Lebensmitteln anzustellen, wie das jetzt ja auch bei der Beschaffung von Gas beschlossen wurde. Angesichts des Umstandes, dass Russland und die Ukraine zu den größten Produzenten von Weizen zählen, ist es eine Frage der Vernunft, sich hier vorausschauend auf mögliche Versorgungskrisen vorzubereiten. Ein autonomes, souveränes Europa nützt und schützt unsere Wirtschaft und Landwirtschaft.

Emmanuel Macron, der französische Präsident, hat im Rahmen der EU-Ratspräsidentschaft seines Landes zu Beginn des Jahres eine viel beachtete Rede im Europäischen Parlament gehalten. Europa muss in Zukunft stärker und souveräner werden, wenn es im Wettbewerb mit dem ungezügelten Kapitalismus der USA und dem autoritären Staatskapitalismus Chinas noch eine Rolle spielen will. Souveräner heißt aber nicht zentralistischer, im Gegenteil.

3. Handwerk und Haltung
Das Land braucht Landwirtschaft, Handwerk und ausgeprägte Werte.

Corona hat uns die Notwendigkeit der alten Idee der Vorratshaltung wieder vor Augen geführt. Die „Speis", die Speisekammer, war früher fester Bestandteil eines Hauses. Inzwischen wird sie immer öfter bei neuen Häusern und Wohnungen nicht mehr mitgeplant. Dabei dürfen wir die Produktion lebenswichtiger Güter, wie medizinische Schutzausrüstung, Arzneimittel und Halbleiter, sowie von Lebensmitteln nicht auslagern. Versorgungssicherheit ist ein europäisches und nationales Gut und eine strategische Aufgabe. Just-in-time-Produktion in Fernost führt in Krisenzeiten zu maximaler Unsicherheit und Abhängigkeit. Immer mehr Unternehmen verlegen daher ihre Produktionsstätten wieder nach Europa.

Ich denke, wir erleben derzeit auch einen Umbruch, was die Attraktivität von Handwerksberufen betrifft. Ein bekannter Bäcker hat mir vor Kurzem erzählt, dass er noch nie so gute Lehrlinge hatte wie heute. Durch das pandemiebedingte lange Homeschooling gab es mehr Schulabbrecher aus berufsbildenden Schulen. Viele von ihnen haben gemerkt, wie wichtig ihnen der Kontakt zu anderen Menschen und zu Kunden ist. Ich musste dabei wieder an eine Erzählung aus Maja Göpels Buch denken. Denn sie hat dort angesprochen, dass Arbeit im Buddhismus als etwas gilt, das die Menschen darin unterstützt, ihre Fähigkeiten zu entwickeln. Arbeit verbindet miteinander und verhindert, dass Menschen sich in Selbstbezogenheit verlieren. Ich finde, das ist eine interessante Wertehaltung und denke, dass diese Haltung auch zunehmend bei uns angenommen werden wird.

Der Trend geht sicher auch in den nächsten Jahren weg von „Dienst nach Vorschrift" hin zum sinnerfüllten Arbeiten.

Ich bin überzeugt, dass dies eine riesige Chance für viele Kleinstunternehmen ist. Viele werden mit einer Lehre beginnen, um die Leere im Inneren zu verdrängen und neuen Sinn zu finden.

Einen Umbruch erleben wir aber nicht nur in den Handwerksbranchen, sondern auch bei unseren bäuerlichen Betrieben. Sie produzieren täglich hochqualitative Lebensmittel für uns. Wir müssen unsere Eigenversorgung stärken und auf die nachhaltige Intensivierung der Landwirtschaft, ein Comeback der Landwirtschaft in Österreich setzen: modern, leistungsstark, innovativ, naturnah. Die Landwirtschaft ist das Rückgrat des Ländlichen Raumes. Wir müssen weg von „just in time" hin zu „sicher ist sicher"!

Landwirtschaft ist heute hochtechnisch, komplex und anspruchsvoll. Das bedarf einer (realistischen) Imagekorrektur. Leider gibt es dafür aber nur wenig Verständnis. Das hängt auch damit zusammen, weil immer weniger Menschen mit der Arbeit der Landwirtschaft selbst in Berührung kommen. Das ist kein subjektives Gefühl, sondern lässt sich auch mit Zahlen klar darlegen. Nur knapp 4 Prozent der Bevölkerung arbeiten als aktive Landwirte oder sind in landwirtschaftlichen Betrieben angestellt, sie sorgen aber für 100 Prozent der Bevölkerung mit Lebensmitteln, Wasser, Energie und Lebensraum. Waren 1950 noch knapp ein Drittel aller Österreicher in der Landwirtschaft beschäftigt, so sind es heute nur noch 3,6 Prozent! Auch deshalb wird es zunehmend schwieriger für die Gesellschaft, die Sorgen und Nöte der Bauern zu verstehen. Ich werbe daher für eine neue Partnerschaft zwischen Landwirtschaft und Gesellschaft. Es braucht ein neues Verständnis und eine neue Wertschätzung gegenüber Lebensmitteln, Tieren und Handwerk.

Bilderbuchlandschaften, gesunde Lebensmittel und intakte Natur fallen nicht vom Himmel. Dahinter steckt immer auch harte Arbeit, große Leistungsbereitschaft und beeindruckende Innovationskraft. Jeder Bauer ist heute Wirtschaftstreibender. Er sichert nicht nur die Lebensmittelversorgung, sondern auch Arbeitsplätze in der Region, weit über den Agrar-Sektor hinaus. In ganz Österreich sind es insgesamt eine gute halbe Million Arbeitsplätze, die von der Landwirtschaft gesichert werden. Gezielte Unterstützungen für diese Investitionen, wie durch das EU-Programm der ländlichen Entwicklung und Impulse, wie durch die so-genannten LEADER-Projekte, stärken damit also nicht nur die Leistungskraft unserer Bauern, sondern auch die gesamte wirt-schaftliche Entwicklung im Ländlichen Raum.

Und mit dem dringend notwen-digen Ausbau von Breitband-Verbindungen muss nun auch die digitale Revolution in den entlegensten Tälern Einzug halten. Ich will Handwerk und Hightech vereinen. Der Ländliche Raum steht gleichzeitig für den bäuerlichen Erntedank und die ökologische Energiewende.

> Ich habe selbst große Wertschätzung gegenüber der Land- und Forstwirt-schaft gewonnen. Menschen die dort arbeiten spüren die Klimakrise tagtäglich durch Dürreperioden, Waldsterben und Ernteausfälle. Diese Branchen können auch Teil der Lösung werden. Aber dazu müssen sie eben richtig gemacht werden.
>
> **Katharina Rogenhofer**

Bäuerinnen und Bauern auch wieder vermehrt als das verstehen und schät-zen, was sie sind: Produzenten von gesunden, schmackhaften Lebensmit-teln, die direkt aus der Region kommen und nur wenige Transportkilometer auf dem Buckel haben. Beim Thema Nahversorgung haben wir noch viel Arbeit vor uns. Eine Bekannte hat mir neulich stolz erzählt, dass sie jetzt aufgrund des Klimaschutzes nur mehr Bio-Bananen aus Nicaragua kauft. Nicht schlecht staunte ich da, wie kurzsichtig manche Leute beim Konsum von Lebensmitteln denken. Wie können wir den „Bio-Standards" eines Landes trauen, das autoritär und kaum demokratisch regiert wird? Außer-dem ist es offensichtlich, dass man nicht mit Produkten, die um den halben Globus geflogen sind, seinen CO_2-Fußabdruck aufbessern kann, oder?

Aber neben der Bedeutung der Nahversorgung erfüllt die heimische Landwirtschaft auch noch eine andere wichtige Funktion. Unsere Bauern

Katharina Rogenhofer und Stephan Pernkopf vor dem Hühnerstall –
Eigenversorgung ist ein wichtiges Gut.

erhalten und pflegen unsere schöne Kulturlandschaft, die unser Lebensraum und besonders wichtig für den österreichischen Tourismus ist. Auch
darauf müssen wir Acht geben. Was passiert, wenn es keine regionalen
Bauern mehr vor Ort gibt, sehen wir bereits in den ersten Gemeinden.
Zu Zeiten meiner Kindheit haben wir noch jeden Straßenrand mit der
Hand gemäht, weil wir jeden Pinkel Heu für das Vieh zu Hause brauchen
konnte. Heute müssen das oftmals schon die Arbeiter des Gemeindebau-
hofes übernehmen, weil sich für bäuerliche Großbetriebe der Aufwand
finanziell nicht mehr lohnt. Teilweise müssen Bauhöfe sogar Personal
aufstocken, weil es keine Bauern mehr gibt, die den Winterdienst übernehmen können.

Das Zukunftskonzept: Die Ökosoziale Marktwirtschaft
Ein wichtiger Schlüssel zur Weiterentwicklung von Stadt und Land ist seit
Jahren das Konzept der Ökosozialen Marktwirtschaft. Schon vor über
30 Jahren hat Josef Riegler dieses Programm auf den Weg gebracht. Für

mich als Präsidenten des Ökosozialen Forums ist ökosozial, was Arbeit schafft, der Wirtschaft nützt und die Umwelt schützt. Heute wissen wir, dass sich Wirtschaften mit und nicht gegen die Umwelt auch finanziell lohnt und rechnet.

Hartmut Rosa, ein Soziologe, behauptet beispielsweise, dass sich materielle und soziale beziehungsweise umweltorientierte Werte, sich den materialistischen Werten gegenüber wie auf einer Wippe verhalten. Wenn die einen zunehmen, nehmen die andern ab. Einmal dreht sich alles um Status, Macht, Geld, gleichzeitig schwinden Mitgefühl, Großzügigkeit und Umweltbewusstsein.

Ich kann der These einiges abgewinnen, doch bin trotzdem davon überzeugt: Umweltschutz und Wirtschaft, Ökologie und Ökonomie, gehören zusammen. Das zeigt sich vor allem im Ländlichen Raum. Wirtschaften im Ländlichen Raum ordnet das Leben nicht vollständig der Ökonomie unter, sondern erfüllt gleichrangig mehrere Funktionen. Es sichert Wohlstand und Wohlfahrt, Wachstum und Lebensqualität.

Unser Modell der Ökosozialen Marktwirtschaft wird zunehmend zum Exportmodell. 9 von 10 ausländischen Wirtschaftsdelegationen, die nach Österreich kommen, interessieren sich für unser Know-how rund um saubere Energie, sauberes Wasser und saubere Luft. In den letzten 10 Jahren stieg die Beschäftigung in der Gesamtwirtschaft um 3,9 %, in der Umweltwirtschaft um 9,4 %. Im Jahr 2019 waren mehr als 190.000 Österreicherinnen und Österreicher in diesem Sektor angestellt. Green Jobs wachsen also doppelt so schnell. Aber nicht nur Beschäftigung, sondern auch der Umsatz der Umweltwirtschaft in Österreich wächst. Vor allem im internationalen Vergleich steht Österreich hier ganz an der Spitze. Während 2018 in den EU-27 nur rund 5,6 % des Gesamtumsatzes auf die Umweltwirtschaft entfallen, waren es bei uns in Österreich 10,7 %. Ökosoziale Politik wirkt und funktioniert. Jedes zusätzliche Prozent Ökostrom hält Wertschöpfung im Land. Geld, das im Land und in den Regionen Arbeitsplätze schafft, statt an dubiose Dritt-Staaten oder Ölscheichs fließt. Der konsequente Umstieg auf unsere heimischen Ressourcen ist also nicht nur eine ökologische Notwendigkeit, sondern auch eine

Der Blick in die Speisekammer – der neue Erdkeller.
Sobald die Erntesaison begonnen hat, wird sie aufgefüllt.

ökonomische Chance für den Ländlichen Raum. Die heimischen Betriebe arbeiten längst umweltschonend und setzen sich zunehmend damit auf internationalen Märkten durch, trotz harter Konkurrenz. Nur ökosoziale Politik entkoppelt Wirtschaftswachstum von Emissionen. Österreich ist dafür das beste Beispiel: (+73 % BIP / + 1,8 % CO_2 – Zeitraum 1990–2019). Menschliches Leben ist immer multifunktional und verfolgt mehrere Ziele gleichzeitig: Familie, Beruf, Freundschaften, Individualität und Solidarität. Ohne den Ländlichen Raum wäre unsere Wirtschaft vielleicht auch erfolgreich, sie würde aber weniger Rücksicht nehmen auf die ökologische, wie die soziale Umwelt.

Ein zentraler Faktor der nachhaltigen Wirtschaft ist unsere Landwirtschaft. Unsere Bäuerinnen und Bauern sind Öko-Weltmeister. Würden alle Landwirte in Europa so vorbildlich wirtschaften wie unsere, gäbe es mehr Biodiversität, mehr Bienen und Insekten. Nachhaltige Landwirtschaft schützt beides: Bienen und Bauern. Unsere Landwirtschaft steht für lebendige Strukturen, beste Qualität und höchste Umweltstandards. Die Verbindung von „Satellitensignal & Menschlichkeit", von „Mensch & Maschine" macht Bauern zu Visionären. Vom GPS gesteuerten Motormäher im Gebirge Vorarlbergs, über den Melkroboter in Kärnten, bis zu synchron aufeinander abgestimmten Bewässerungssystemen in den Gemüsebaugebieten des Marchfelds: So unterschiedlich die Bedürfnisse unserer Bäuerinnen und Bauern auch sein mögen, so erfolgversprechend ist diese Vielfältigkeit gerade in diesen Krisenzeiten. Besonders bei uns in Niederösterreich haben wir deshalb in den vergangenen Jahren gezielt Ansiedelungspolitik von Fachhochschulen und Universitäten forciert. Denn ich bin fest davon überzeugt, dass es für ein Agrarland, wie wir es sind, von Bedeutung sein wird, sich zunehmend auch im Bereich der Hochtechnologie selbständig weiterzuentwickeln. „Bauern als Visionäre" heißt vor allem, dass Landwirte auch in Zukunft nachhaltig investieren, energieautarker werden, flexibler und naturnaher. Bauern als Visionäre schaffen hochwertige Lebensmittel, Energie und Lebensraum. Den Landwirten gehört deshalb mehr Wertschätzung, sie können nicht einfach von technischen Geräten ersetzt werden. Ohne Landwirtschaft kein Ländlicher Raum. Es geht nicht um „iPad statt Jausenbrett", sondern um „iPad und Jausenbrett"!

4. Lebendigkeit und Zuwachs
Das Land braucht Menschen – ohne „Dableibensvorsorge" kein Landleben.

Mein Leben lang beobachte ich schon die lokale und internationale Politik und vor allem die gesellschaftspolitischen Veränderungen. Über die letzten Jahrzehnte hat sich nicht nur bei uns in Niederösterreich eine der wohl größten Herausforderungen der neuen Zeit herauskristallisiert. Wie andere Bundesländer fordert uns die demografische Entwicklung massiv heraus. Wenn die Menschen gehen, geht auch der (Kultur-) Raum. Nur wenn die Menschen dableiben (oder neu kommen), lebt auch der Ländliche Raum. Für eine Politik der „Dableibensvorsorge" müssen wir drei Stellschrauben gleichzeitig angehen: Abwanderung bremsen, Zuwanderung gezielt überlegen und ein „kinderfreundliches Land" bleiben. Wir müssen ein „Mehr" an Menschen ermöglichen und ein „Weniger" verhindern. Voraussetzung ist eine erreichbare Grundinfrastruktur und beste Bedingungen für Einheimische, Rückkehrer und Zugezogene. Zur notwendigen Grundinfrastruktur gehört für mich auch die Versorgung mit einer digitalen Anbindung. Sie ist der Gamechanger für das Arbeiten am Land und muss noch viel aktiver und offensiver forciert werden.

So wie täglich das Postauto dorthin kommt, so muss auch täglich der Zugang zu Internet für Menschen in der Großstadt und am Bergbauernhof gewährleistet sein. Als Andreas Brandstetter, Chef eines großen Versicherungskonzerns und Präsident der Interessensvertretung der europäischen Versicherungen, bei mir in der Werkstatt war, haben wir auch sehr lange über die Veränderungen in der Arbeitswelt gesprochen. Er hat zu diesem Thema einen tollen Vergleich formuliert: „Homeoffice ist wie ein Schieberegler, den man von Null auf Hundert regeln kann." Ich bin dafür, dass das nicht vom Wohnort abhängig sein darf.

Der „Raus aufs Land Trend" ist für mich ein sehr erfreulicher. Doch er hat auch seine Schattenseiten. Denn um „Dableiben" zu können, muss in erster Linie überhaupt Wohnraum verfügbar sein. Durch die Pandemie wurde die Nachfrage nach Grundstücken und Häusern noch größer. Das bedingt einen Preisanstieg am Immobilienmarkt, der fast unerschwingliche Höhen erreicht. Als Extrembeispiel dafür könnte man sich die Kosten für Häuser und Wohnungen in Schladming heranziehen. Dort liegt man derzeit bei einem durchschnittlichen Quadratmeterpreis von 14.000 Euro beim Kauf einer Immobilie. Während Großunternehmer mit Chaletdörfern im großen Stil Flächen versiegeln, wird für Einheimische das Grundbedürfnis Wohnen zu unleistbarem Luxus. Überspitzt formuliert ist das die Ausbeutung unserer Heimat. Gerade um jungen Menschen das Dableiben in ihrer Heimatgemeinde möglich zu machen, müssen Ortskerne revitalisiert und Leerstand nutzbar gemacht werden. Auch für junge Familien muss es möglich

 Wir müssen uns die Frage stellen, was wir tun können, damit das Zusammenleben auch hinter den Fassaden gut gelingt. Das heißt, das gute Miteinander ist kein Selbstläufer. Aber ich bin davon überzeugt, dass sich das Ringen um Gemeinschaft lohnt.

Michael Landau

sein, sich Eigentum aufzubauen. Während die Eigentumsquote in Niederösterreich bei rund 62 Prozent liegt, besitzen in Wien nur knapp über 18 Prozent ihr eigenes Haus oder ihre eigene Wohnung. Es muss auch künftig möglich sein, sich am Land etwas zu schaffen. Das ist der Trumpf des Landlebens.

Österreich ist ein kinderfreundliches Land. Junge Eltern brauchen exzellente Kindergärten und Schulen. Wir sind aber auch ein altenfreundliches Land. Daher brauchen wir auch die beste Pflege in unserem Land. Gesundheit wird das wichtigste Thema sein. Statt bei der Ausbildung junger Ärztinnen und Ärzte zu sparen, sollten wir mehr in die Gesundheitsberufe investieren. Bei dieser Diskussion lasse ich auch das Argument der fraglichen Finanzierung wirklich nicht gelten. Wenn man sich vor Augen führt, was die Covid-Pandemie in Österreich gekostet hat, dann würde ich meinen, man könnte einen Bruchteil dieser Summe in Zukunft auch leicht dafür aufwenden, Ausbildungsplätze junger Mediziner zu finanzieren. Das würde dem Ärztemangel schon ein großes Stück weit entgegenwirken.

Auch in meinem Werkstattgespräch mit Paulus Hochgatterer, Primarius für Kinder- und Jugendpsychiatrie im Universitätsklinikum Tulln und bekannter Autor, sind wir auf dieses Thema zu sprechen gekommen. Denn gerade auch, was die Zahl der Schulpsychologen betrifft, auf die Schüler und Eltern zugreifen können, haben wir riesigen Aufholbedarf.

In anderen Wirtschaftsbereichen sind wir stolz auf unsere Exportquote, warum nicht auch im Gesundheitsbereich? Bilden wir die besten Mediziner, Pfleger und andere Gesundheitsberufe bei uns aus! Selbst wenn einige von ihnen für einige Jahre ins Ausland gehen, werden sie dort für unser Ausbildungssystem werben und viele andere Fachkräfte nach Österreich holen. Die Menschen sind die besten Botschafter für die Zukunft unseres Landes. Wir sehen das beste Beispiel für dieses Erfolgskonzept ja auch mit den in Österreich ausgebildeten Hoteldirektorinnen und Hoteldirektoren, die international zu den gesuchtesten überhaupt zählen. Der Großteil von Ihnen kommt früher oder später wieder als Rückkehrer nach Österreich und lässt sich auch in ländlichen Gegenden nieder. Warum soll denn das nicht auch im Gesundheitsbereich so sein?

In früheren Zeiten gab es die sogenannte Erste und Zweite „Wiener Medizinische Schule", mit so berühmten Namen wie van Swieten, Semmelweis, Billroth, Wagner-Jauregg und Landsteiner. Österreich war ein Land der Medizinischen Forschung und ein Land der Nobelpreisträgerinnen und Nobelpreisträger. Ich bin fest davon überzeugt, dass wir uns nichts Geringeres wieder zum Ziel setzen müssen. Unsere Ärztinnen und Ärzte sollen Exportschlager sein, unsere Wissenschaft auf diesem Gebiet wieder weltweit führend. Wir brauchen wieder Medizinnobelpreisträger.

Wir müssen Daseins- und „Dableibensvorsorge" stärker verbinden. Digitalisierung, Mobilität, Gesundheit, Bildung sowie Arbeit gehören zusammen.

5. Solidarität und Sicherheit
Zusammenhalt braucht Verlässlichkeit.

Viele Menschen fühlen sich isoliert und abgehängt, weil das gemeinsame Gefühl des Zusammenhalts geschwunden ist. Der soziale Zusammenhalt als Fundament unseres gesellschaftlichen Lebens fällt nicht vom Himmel, sondern muss täglich neu hergestellt und dauerhaft erhalten werden. Soziales Miteinander und freiwilliges Engagement gehören zu den großen Stärken des Ländlichen Raums. Sie sind sein eigentliches Kapital. Es gibt schließlich keinen größeren Beweis für eine funktionierende Gesellschaft und kein stärkeres Solidaritätsbekenntnis zu unserer Heimat und ihren Menschen als durch jene, die sich auch ehrenamtlich engagieren und so Unglaubliches für ein gedeihliches, sicheres und buntes Zusammenleben leisten.

Das „Aufeinander schauen" ist die Lebensgrundlage im Ländlichen Raum und der Kitt unserer Gesellschaft. Dieser muss nicht nur erhalten bleiben, sondern bewusst kultiviert werden. Achtsam miteinander, mit den anderen Dorfbewohnern umzugehen, sich zu kümmern, bedeutet keinen unzumutbaren Eingriff in höchstpersönliche Lebensbereiche, sondern ist die Grundlage eines sozialen Netzes, das uns alle trägt. Und ja, das bedeutet natürlich, dass die Bewohner von Dörfern und Gemeinden aus der Anonymität heraustreten und sichtbar für andere sind. Wer das nicht will, muss „die Einschicht" oder die städtische Anonymität wählen. Ich bin sicher: bürgerschaftliches Engagement wirft eine riesige soziale Rendite ab. Gerade im Ländlichen Raum bereichern die Freiwilligen die Gesellschaft mit ihrer Arbeit nicht bloß. Sie bieten viel mehr als nur ein zusätzliches Angebot unter vielen anderen Angeboten, sondern sie leisten mit ihrer Arbeit einen

 Ich denke, vor allem sollten wir unser Gemeinschaftsgefühl nicht verlieren. Das heißt, dass die Starken für die Schwachen da sind, die Reichen für die Armen, die Privilegierten für die Benachteiligten, diejenigen, die ein Zuhause haben, für die, die keins haben. Ob man zu dieser Haltung Mitmenschlichkeit sagt, Nächstenliebe oder Solidarität, ist vollkommen egal. Hauptsache, sie ist da.

Paulus Hochgatterer

enorm wichtigen Hauptbestandteil des täglichen Lebens. Sie sind die Sicherheitspolizze, das soziale Netz und oft die einzigen Kulturträger. Dieses Ehrenamt, von der Freiwilligen Feuerwehr und der Nachbarschaftshilfe bis zu den vielen sozialen Initiativen, von den Musik-, Sport- und Kulturvereinen bis zu den Jugendorganisationen, müssen wir stärken, wo wir nur können. Wir müssen aber auch neue Formen des Ehrenamts zulassen und fördern, wie beispielsweise Vereine zur gemeinschaftlichen Kinderbetreuung. Die Freiwilligen sind das soziale Kapital unseres Landes. Soziale wie kulturelle Faktoren wirken sich entscheidend auf die Lebensqualität und das Bleibeverhalten junger Menschen aus und sind die neuen Standortfaktoren der Zukunft.

Wir leben in einer Zeit rasanter Veränderungen. Der digitale und technologische Fortschritt, globale Krisen wie Corona und der Klimawandel, und auch dadurch ausgelöste Migration, verunsichern viele von uns. Caritaspräsident Michael Landau hat dazu gesagt: „Wir müssen uns bewusst sein, wir haben einen Haupttreffer in der Geburtsortlotterie gezogen." Viele stellen sich zu Recht die Frage: Worauf können wir uns noch verlassen? Was hält uns noch zusammen? Die Tatsache, dass wir in einem der friedlichsten und erfolgreichsten Länder der Welt leben, stiftet dagegen Mut und Zuversicht. Es geht um alte Spielregeln und neue Sicherheiten. Die beiden Tugenden „Aufeinander schauen" und „Füreinander einstehen" geben uns am meisten Halt und Sicherheit. Respekt, Rücksicht, „Aufeinander schauen" und Verantwortung leben sind elementare Regeln einer solidarischen Gesellschaft und Voraussetzungen einer liberalen Demokratie. So wie uns das Prinzip der Nachhaltigkeit lehrt, dass die Ausbeutung der Natur schädlich und auf Dauer gefährlich ist für die Menschheit, so ist die Ausbeutung von Solidarität schädlich für den Zusammenhalt der Gesellschaft. So wie Energie und Demokratie erneuerbar sind und erneuert werden müssen, müssen auch Gemeinschaften der Verantwortung und Verlässlichkeit gepflegt und erneuert werden, damit das Wir-Gefühl steigt. Ein aktives Sozialleben vor Ort ist die Voraussetzung für Sicherheit und Solidarität und braucht Förderung und Unterstützung. Solidarität ist keine Einbahnstraße.

6. Natur und Nachhaltigkeit
Der Ländliche Raum braucht Landschaft – Raum für Produktion, Erholung und Natur.

Allein bis zu diesem Kapitel findet sich fast ein Dutzend Mal das Wort „Landschaft" – Kulturlandschaft, Forschungslandschaft, Bilderbuchlandschaft. Wir verwenden diesen Begriff häufig in unserem Alltag und überlegen uns dabei selten, was wir damit eigentlich meinen. Schlägt man im Duden nach, so ist eine Landschaft ein in bestimmter Weise geprägter Teil, Bereich der Erdoberfläche; Gebiet der Erde, das sich durch charakteristische äußere Merkmale von anderen Gegenden unterscheidet. Das mag so in der sachlichen Beurteilung ja auch richtig sein, doch die viel wichtigere Beschreibung sollte sich nicht nur auf topographische Merkmale oder äußerlichen Grenzen beziehen. Was eine einzigartige Landschaft gerade so besonders macht, sind ihre speziellen Nutzungsmöglichkeiten zur Schaffung verschiedener Güter und ihre Schönheit. Der deutsche Schriftsteller Christian Morgenstern sagte in einem seiner Werke dazu: „Jede Landschaft hat ihre eigene besondere Seele, wie ein Mensch, dem du gegenüber lebst."

Ich finde diese Vorstellung eine sehr schöne, weil sie beschreibt, wie vielfältig und wertvoll unsere Kulturlandschaft ist.

Denn Landschaft ist Produktions-, Erholungs- und Naturraum. Es geht um die Versorgung mit Lebensmitteln, um Tourismus und Lebensqualität und um den Respekt und Schutz von Umwelt, Klima, Artenvielfalt und Tieren. Das Land ist nicht nur Ökosystem, es ist durch seine Schönheit auch Kraftzentrum.

Landschaft ist für mich auch **Produktionsraum**. Und nein, ich scheue mich nicht davor, das genau in dieser Art und Weise zu betiteln, auch wenn es derzeit bei manchen nicht gerade populär sein mag. Doch Landschaft ist für mich nicht nur dazu da, um eine „Rosamunde Pilcher-Idylle" zum Anschauen zu haben. Wir müssen unsere Almen, Wälder und Seen nicht nur deshalb erhalten, weil wir sie gerne als Motiv für die Postkarten abdrucken, die die Touristen von Österreich aus in alle Welt verschicken. Wir müssen sie auch deshalb erhalten, weil wir sie so notwendig als Produktionsraum für unsere eigenen hochqualitativen Lebensmittel und für unsere eigene Energie benötigen.

Was ich immer wieder feststelle ist, dass vielfach ein Grundverständnis für Zusammenhänge in der Natur fehlt. Da wird oft gerne behauptet, dass die Viehwirtschaft per se klimaschädlich sei. Und das stimmt so einfach nicht. Denn dieselben Leute wissen umgekehrt, dass Wiesen ein sehr guter Kohlenstoffspeicher sind. Nur gäbe es ohne Viehwirtschaft keine Wiesen. Denn der Mensch kann sich von einer Wiese nicht ernähren. Das können nur Wiederkäuer wie Rinder, Schafe, Ziegen und Wildtiere. Nur sie sind in der Lage, Gras und Heu zu verdauen und in hochwertiges Eiweiß und damit in wertvolle Lebensmittel wie Milch (Joghurt, Käse etc.) und Fleisch zu verwandeln.

Stellen wir uns einen klassischen Bergbauernhof in Österreich vor. Ackerwirtschaft, also Getreideproduktion, ist dort aus klimatischen Gründen nicht möglich. In dieser Höhenlage gibt es nur Wiesen und Wälder. Und diese saftigen Wiesen und grünen Wälder sind wieder als wunderbare Landschaft Grundlage für einen funktionierenden Tourismus. Nur, wenn es dort keine Viehwirtschaft gibt, dann wird es auch keine Wiesen mehr geben, sondern nur mehr Wälder. Also ein völlig anderes und unattraktiveres Landschaftsbild. Daher Hand aufs Herz und Realismus walten lassen. Was soll daran schlecht sein, wenn auf einem Bauernhof in einer funktionierenden Kreislaufwirtschaft, wertvolle Lebensmittel auf der Basis von Gras und Heu produziert werden? Oder wie es ein Journalist einmal sinngemäß ausgedrückt hat: „Ja, Kühe erzeugen Methan, aber dabei werden hochwertige Lebensmittel für die menschliche Ernährung erzeugt." Also, um es noch einmal klar auf den Punkt zu bringen: Dort wo Ackerbau möglich ist, werden wertvolle Feldfrüchte und Gemüse produziert. Eine Wiese ist nur durch die Viehwirtschaft für die Lebensmittelproduktion nutzbar. Ohne Viehwirtschaft keine grünen Wiesen, sondern nur mehr Verwaldung, das heißt wiederum Kulturlandschaftsverlust und weniger Wertschöpfungsmöglichkeiten im Ländlichen Raum. Daher ist das Offenhalten der Landschaft durch Lebensmittelproduktion bedeutender denn je!

Viel einiger sind sich die Österreicherinnen und Österreicher scheinbar, wenn es darum geht, die Landschaft als **Erholungsraum** zu nutzen. Schon lange hat man sich grundsätzlich darauf verständigt, dass man diese Nutzung noch viel mehr fördern muss. Denn wir leben in einer Zeit des Wohlstands. Und mit zunehmendem Wohlstand werden auch Wohlstandskrankheiten immer mehr zu einem Problem. Waren früher die Pest und Cholera die häufigste Ursache für den Tod eines Menschen, so sind es heute fast ausschließlich Herzinfarkte, Schlaganfälle und Diabetes, woran die Menschen sterben. Wenn man es zynisch zuspitzen möchte, könnte man sagen: Wir sitzen, essen, rauchen und trinken uns zu Tode!

Nicht zuletzt aufgrund dieser Erkenntnis gab es in den letzten Jahren eine positive Trendumkehr. Heute wissen die Leute, dass man sich nicht nur bei einer Flasche Wein und einer Schüssel Chips auf der Couch erholen kann, sondern auch bei einem Spaziergang im Wienerwald, beim Skitourengehen auf der Tauplitz oder beim Windsurfen am Ossiacher See. Ich bin überzeugt davon, dass dieser Trend auch noch in den nächsten Jahren spürbar Aufwind erleben wird, weil diese Art von Erholung nicht nur unserem Körper, son-

 Alles was den Menschen in seiner Kreativität inspirieren kann und seine Lösungsbegabung fördert, finde ich gut. Und mich persönliche kann Landschaft inspirieren – genauso wie der Aufenthalt in der Natur.
Markus Hengstschläger

dern auch unserer Psyche guttut. Das ist es, was für viele von uns während der Pandemie das Einzige war, womit man die Gedanken wieder frei und die Energie zurückbekommen konnte. Gerade deshalb setze ich mich persönlich auch dafür ein, dass wir es jedem Kind, egal welche finanziellen Mittel ihm zu Hause zur Verfügung stehen, auch einmal auf einen Skikurs mitzufahren.

Mit der ORF-Klimatologin Christa Kummer bin ich auf dieses Thema während unserer Arbeit in der Werkstatt zu sprechen gekommen, weil auch sie überzeugt ist, dass die Freiheit am Land und die Freiheit in die Natur zu gehen, eine unbezahlbare Freiheit ist. Gleichzeitig hat sie aber auch die

Der Blick auf den Ötscher.
Die Schönheit der Landschaft bringt ein Mehr an Lebensqualität.

negativen Aspekte dabei angesprochen. Massentourismus in den Bergen verursacht viel Müll, Lärm und beeinträchtigt die natürlichen Ökosysteme vor Ort. Deshalb müssen wir gerade bei der Nutzung der Landschaft als Erholungsraum ganz besonders darauf achten, dass wir respektvoll mit den Eigentümern, mit anderen Mitnutzern und aber vor allem respektvoll mit der Natur umgehen. Denn nur wenn alle gemeinsam achtvoll miteinander umgehen, kann der Mensch langfristig und nachhaltig die Vorzüge des Landlebens genießen.

Unsere Landschaft ist unser bester Erholungsraum, Gesundheitsvorsorge und „Kurort" für alle Gesellschaftsschichten. Das müssen wir weiter fördern.

Neben all den Dingen, die uns die Landschaften bieten, müssen wir aber auch zurückgeben. Und Zurückgeben heißt in dem Fall: Wir müssen uns zurück nehmen. Denn Landschaft bietet uns als Produktions- und Erholungsraum viel, doch als **Naturraum** müssen wir ihr unseren Schutz bieten. Denn nicht nur in Zeiten eines Klimawandels müssen wir Achtsamkeit und Schutz an unserer Landschaft üben. Wir müssen Grenzen respektieren und die Bedürfnisse der Natur verstehen lernen. Ganz konkret kann das bedeuten, Skitouren nur dort zu gehen, wo wir kein Wild stören, oder als Bürgermeister einer Gemeinde bewusst ein altes Haus im Ortskern zu revitalisieren, statt neue Bauparzellen auf der grünen Wiese zu widmen und zu bebauen. Damit das auch wirklich noch viel öfter als heute passiert, sollten z. B. Abrisskosten steuerlich absetzbar sein, als finanzieller Anreiz neben den bestehenden Ortskernförderungen. Bauen auf der grünen Wiese ist naturgemäß leichter. Dann sollte dafür das Bauen im Zentrum billiger sein.

Bei Ersterem kann ich nur an alle appellieren, ihren Hausverstand einzusetzen. Wie man so schön sagt: Wir sind nur Gast auf dieser Erde und ich wünsche mir wirklich, dass wir uns auch genau als solch ein Gast verhalten.

Zum Zweiten: Raumplanung so zu machen, dass unsere Landschaften schöner werden, halte ich für eine der Jahrhundertaufgaben der Politik. Auch wenn das viele nicht so sehen, aber ich bin mir sicher, dass die Raumplanung eine absolute Königsdisziplin ist! Ohne Fläche keine Landschaft, keine Landwirtschaft, keine Lebensmittel und kein Wohlbefinden.

Das, was wir heute widmen und planen, mit dem müssen unsere Kinder in 50 Jahren auch noch leben. Baukultur beeinflusst unsere Landschaft, unser Wohlbefinden und die Natur. Wir versuchen deshalb in Niederösterreich mit speziellen Leitplanungsprozessen nicht nur Gemeindegrenzen, sondern auch ideelle Grenzen zu überwinden. Mit absoluten Siedlungsgrenzen und dem Schutz von agrarischen Schwerpunkträumen. Es wird nicht überraschen, wenn ich sage, dass das auch Widerstand hervorruft. Trotzdem bin ich der Meinung, dass es unsere Pflicht ist, solche Prozesse zu starten. Weil wir einer Ziellinie entgegenlaufen müssen: Die Landschaft als Naturraum zu erhalten!

Unser Sohn Gabriel mit der Bohrmaschine. Wir sind dafür verantwortlich, unser Wissen an die nächste Generation weiterzugeben.

7. Wissen.Schafft.Kultur
Das Landleben braucht das Teilen von Wissen und Können.

Im weitesten Sinne bezeichnet der Begriff „Kultur" etwas, das vom Menschen bearbeitet, gepflegt und selbst hervorgebracht wurde – im Gegensatz zu dem, was wir unverändert in der Natur vorfinden. Also kann man Kultur in unserem Zusammenhang als Gesamtheit der Errungenschaften des Landlebens betrachten: Handwerkliches Wissen, „wie Dinge gemacht und Tätigkeiten richtig ausgeführt werden", natürlich auch alles, was im Zusammenhang mit Kunst steht. Genau dieses Wissen und Können gilt es bewusst weiter zu geben. Viel davon geht über die Generationen verloren. Heute sind Experten selten, die ihr Handwerk wirklich beherrschen und Arbeiten hochqualitativ erledigen. Wenn wir bei uns im Mostviertel so einen Experten haben, dann gibt es eine Redewendung dazu. Wir sagen, derjenige „hat den Foahrl herausn". Auf solche Leute ist man dann natürlich besonders stolz. Das wichtigste Kapital des Ländlichen Raums sind die Menschen mit ihrer Kreativität, Fantasie und Lebenslust. Wer sich in seinem Lebensraum wohlfühlt wird schneller kreativ, wenn es um die Bewältigung von Herausforderungen geht. Es ist die Kultur, die das regionale Bewusstsein prägt und Freude und Lebensgefühl vermittelt – weit über die regionalen Grenzen hinaus. Viele Kunst- und Kulturinitiativen sind auf dem Land mindestens genauso kreativ wie in den Städten. Auch Architektur und Baukultur beeinflussen ländliche Regionen und Räume. Gute Architektur und Baukultur suchen den Ausgleich zwischen sozialen, kulturellen, ökonomischen und ökologischen Zielen. Sie gehen ressourcenschonend mit Landschaft, Boden und bestehenden Gebäuden, mit Energie und Rohstoffen um.

 Wissen unserer Vorfahren kann gerade in der heutigen Zeit wieder etwas sehr Wertvolles sein: Entschleunigung, Leben im Einklang mit der Natur, all das ist vielerorts bereits in Vergessenheit geraten. Ich glaube, dass dieses Muss einer Lebensstiländerung uns in manchen Bereichen wieder zurück zu alten Denkweisen führen kann und gleichzeitig eine Bereicherung in neuen technologischen Zeiten sein kann.

Christa Kummer

Mein Ausgleich zur Arbeit ist die Musik in Gemeinschaft mit meiner Band und das Zusammensein am Wirtshausstammtisch. Statt um „Burn-Out" muss es um „Burn-In" gehen – um das „Füreinander brennen" und das „gemeinsam unternehmen"! Statt ums Schlechtreden und sich selbst Bemitleiden geht es mir um Gemeinsinn und Engagement. Regionalkultur ist in unseren Dörfern kein Luxusgut, sondern notwendige Grundversorgung. Aktive Vereine sind das Herz und der Kitt der Gesellschaft.

Der Mensch lebt nicht vom Brot allein. Kultur stiftet Identität und Zusammenhalt. Regionalkultur ist daher kein Luxus, sondern notwendige Voraussetzung eines zukunftsfähigen Landlebens. „Die Menschen mit ihrer Lebenslust, Phantasie, Kreativität und Innovationsfähigkeit sind der wichtigste und zentrale Faktor", schreibt Werner Bätzing. Es geht um die Weitergabe von Wissen, Techniken und Lebensweisen. Kultur heißt Bewahren und gleichzeitig Anpassung an veränderte Bedingungen und Entwicklungen. Der Ländliche Raum ist immer auch Kulturraum. Baukultur, Vereinsleben, Musik, Kunst und Kulinarik sind elementare Standortfaktoren, auch für die Dörfer.

8. Politik und Bürger
Demokratie braucht Nähe und Eigenverantwortung.

„Kontrollverlust" ist ein zentraler Begriff unserer Zeit. Wenn wir mit Situationen konfrontiert sind, die wir nicht verstehen, geraten wir in Stress. Solche Situationen haben in den letzten 20 Jahren drastisch zugenommen: Globalisierung, Digitalisierung, Corona, Krieg in der Ukraine. Wir haben das Gefühl, dass uns die Dinge entgleiten und wir keinen Einfluss auf sie ausüben können. Eine Krise jagt die nächste. Gibt es einen Ausweg? Können wir unser öffentliches Leben wieder in den Griff bekommen? Demokratien sind oft langsam, die neuen Technologien werden immer schneller. Historiker wie der israelische Bestseller-Autor Yuval Noah Harari warnen vor einer Entkopplung von technischem Fortschritt und demokratischen Prozessen. Dabei ist gerade die Entschleunigung von Prozessen und Veränderungen ein großer Vorteil der Demokratie.

Wir können nur das kontrollieren, was wir auch verstehen und selbst beeinflussen können. Wir müssen wieder Teilhaber und Gestalter der Welt um uns herum werden!

Politik lebt vom Vertrauen der Bürger. In vielen Ländern bröckelt das Vertrauen, auch in Österreich. Neue Umfragen belegen: Je kleiner eine Gemeinde ist, desto größer ist das Vertrauen der Bürgerinnen und Bürger in ihre politischen Vertreter. Sie schätzen die Nähe und den Pragmatismus von kommunaler Politik.

Werfen wir als Beispiel einen Blick auf die Gemeinde Neuhofen an der Ybbs, weil sie ja bekanntlich die Wiege Österreichs ist. Wenn die dortige Bürgermeisterin wöchentlich Bürger-Sprechstunden anbietet, hat das eine unmittelbarere und persönlichere Qualität und Intensität, als wenn dies der Bürgermeister einer Großstadt macht. Ein Anrainerproblem kann in einer kleinen Gemeinde besser gelöst werden, wo man sich persönlich kennt und auch am Kirchenplatz und beim Elternabend trifft, und nicht nur in den Amtsstuben. Dezentrale, bürgernahe Strukturen und Institutionen sind für die Zukunft der Demokratie entscheidend. Mir geht es um ein neues Miteinander von Politik, Verwaltung und Bürgern. Die Menschen wollen keine obrigkeitsstaatliche und zentralistische Politik.

 Die Menschen haben Angst, nicht gehört zu werden und das zurecht. Dem muss man effektiv und aktiv entgegenwirken, indem man als Politikerin oder Politiker die Menschen einbindet, sich miteinander hinsetzt und wieder zuhört und die Forderungen der Bevölkerung wirklich in den politischen Entscheidungsprozess einfließen lässt.

Katharina Rogenhofer

Dass es funktionieren kann, das haben wir ja in den letzten Jahren so plakativ vor Augen geführt bekommen, wie kaum jemals zuvor. Während der Pandemie waren die Gemeinden, ihre Verwaltungen und Funktionsträger der ausschlaggebende Schlüsselfaktor. Sie stellten Testzentren zur Verfügung, organisierten Impfstraßen, unterstützten die Informationskampagnen und motivierten ihre Gemeindebürger zur Nachbarschaftshilfe. Genetiker Markus Hengstschläger hat in seinem Gespräch gesagt, es sei ein Glück, dass uns die Pandemie zu einer Zeit erreicht hat, der ein

Zeitalter der digitalen Transformation vorausgegangen ist. Da hat er vollkommen recht und ich stimme ihm da zu. In meinen Augen ist es aber auch ein riesiges Glück, dass uns diese Pandemie in einem Zeitalter erreicht hat, in dem kommunale Politik funktioniert.

Neben Heimat, Wirtschaft und den Zusammenhalt der Gesellschaft geht es nicht zuletzt um die Zukunft der Demokratie. Demokratie ist für mich mehr als wählen. Demokratie lebt von Personen. Demokratie kann nur funktionieren, wenn sich eigenverantwortliche Bürger als Teil der Politik sehen und nicht als Gegenspieler. Gelebter Föderalismus und Demokratie finden vor Ort in den Gemeinden und Regionen statt. So wie die Familien die Keimzellen der Gesellschaft sind, so sind die Gemeinden die Keimzellen der Demokratie.

Der Sinn von Demokratie sind mehr Optionen, Bindungen und Freiheiten für möglichst alle Bürger. Die liberale Demokratie steht weltweit vor zwei großen Herausforderungen, die eng miteinander zusammenhängen: dem Verlust, Probleme zu lösen und der wachsenden Kluft zwischen den politischen Eliten und den Bürgern. „Alles Leben ist Problemlösen" heißt ein Buch des in Wien geborenen und vor den Nationalsozialisten geflohenen Philosophen Karl R. Popper. Wir werden die großen und kleinen Probleme und Herausforderungen nur mit und nicht gegen die Bürger lösen. Wenn wir sie im Dialog mit ihnen lösen, können wir auch unpopuläre Fragen beantworten. Neue Mehrheiten sind möglich, wenn wir dabei möglichst alle mitnehmen. Die damalige Wahl Donald Trumps zum US-Präsidenten und der Brexit haben eine zentrale Ursache darin, dass die Landbevölkerung sich nicht mehr vertreten fühlte von der Politik in „Big London" und „Big Washington". Ein Beispiel ist auch der Protest der „Gelbwesten" in Frankreich gegen den Plan einer Steuererhöhung für fossile Brennstoffe. Einkommensschwache Haushalte in ländlichen Regionen sind von bezahlbaren Energieträgern abhängig. Die ländlichen Einwohner wurden vergessen und Macron musste seinen Plan aufgeben. In Österreich gehen wir mit der ökologischen Steuerreform einen anderen Weg und entlasten die ländlichen Regionen stärker.

So wie man ein Holzwerkstück mit Leinöl einlässt, so muss man auch
die Solidarität einer Gesellschaft pflegen, damit sie lang erhalten bleibt.

Die Erneuerung der Politik kann und muss vor allem auf der lokalen
Ebene gelingen, hier ist die Keimzelle der Demokratie. Je kleiner eine
Gemeinde, desto mehr Vertrauen haben die Bürgerinnen und Bürger in
die Politik. Auch das europäische Leitbild der Subsidiarität geht von den
kleinen Einheiten aus. Was dort geleistet werden kann, soll auch dort
gemacht werden. Ich will die Fähigkeit der lokalen Gemeinschaften zur
Selbstorganisation und zur Entwicklung nachhaltiger und zukunftswei-
sender Ideen stärken. Die Stärkung der Demokratie an der Basis ist Voraussetzung und Bedingung für die Lösung von Problemen wie Klimawandel,
Alterung der Gesellschaft, Vereinbarkeit von Beruf und Familie und ein
gesundes Leben.

Erneuern müssen sich auch die Parteien. Als zentrales Bindeglied zwischen Bürgern und Politikern sind sie zu wenig attraktiv. Das gilt insbesondere für Jüngere und für Frauen. Die Zukunft gehört den Parteien,
die auf die Belange aller Generationen Rücksicht nimmt und sie stärker

einbindet. Auch in der Politik werden nur jene langfristig überleben, die auch das politische Handwerk beherrschen und nicht nur das Mundwerk. Warum machen wir kommunalpolitische Erfahrung nicht zur Voraussetzung von bundespolitischen Ämtern? Minister oder Ministerin in Wien kann nur werden, der zuvor in lokalen Strukturen politische Verantwortung übernommen hat.

Eine lebendige Demokratie bedeutet für mich gemeinsam zu diskutieren, gemeinsam zu entscheiden und dann auch gemeinsam umzusetzen. Je direkter und unmittelbarer der Kontakt zwischen Bürgern und Politik ist, desto schneller und besser sind die Lösungen und desto höher ist das Vertrauen untereinander. Dezentrale, bürgernahe Strukturen sind daher für die Zukunft der Demokratie entscheidend. Mir geht es um ein neues Miteinander von Politik, Verwaltung und Bürgerschaft. Mündige Bürger und eine bürgernahe Politik und Verwaltung fallen nicht vom Himmel, sondern müssen gelebt und vorgelebt werden. Leitlinie ist für mich das Prinzip der Subsidiarität. Das, was die kleinen Einheiten vor Ort besser können, sollen sie auch selbst entscheiden und umsetzen. Europa und auch der Nationalstaat müssen mehr Mut zu regionaler und lokaler Verantwortung haben und die Gemeinden und Gemeinschaften vor Ort mehr machen lassen.

9. Bewegung und Lobby
Der Ländliche Raum braucht Bekenntnis und Akteure.

Eine neue Haltung für das Land basiert auf dem Wir-Gefühl der Bürger. Eine gemeinsame Haltung ist die Grundlage einer Politik der Gegenseitigkeit. Liberale und linke Politiker lehnen Wir-Gefühl und einen positiven Patriotismus als irrelevant ab und überlassen Themen der Identität und der Zusammengehörigkeit rechten Populisten. Moderne Politik ist beides: wertorientiert und zukunftsgewandt. Statt auf linken Staatszentralismus und liberales Laissez-faire geht es um die Überwindung von Gegensätzen. Wir brauchen einen neuen Blick auf den Ländlichen Raum, auf die Gemeinden und Regionen. Wir brauchen neue Partnerschaften zwischen

Stadt und Land. Meine Grundregeln haben ein gemeinsames Ziel: eine neue Gerechtigkeit für das ganze Land.

Ländliche Infrastruktur nutzt auch den Städten. Städte sind von frischen Lebensmitteln abhängig, ebenso wie von Luft und Wasser und schönen Landschaften. Die Frage des Wohnortes darf nicht zu neuen Missständen oder gar einer Spaltung der Gesellschaft führen. Eine zukunftsfähige Gesellschaft braucht in mehrfacher Hinsicht erneuerbares Kapital: ökonomisches, ökologisches, soziales und emotionales Kapital. Dieses Kapital fällt nicht vom Himmel, sondern muss täglich gelebt und gefördert werden. Wenn ein Bekenntnis zum Ländlichen Raum gleichwertige Lebensverhältnisse inklusive Daseinsvorsorge, digitalem Anschluss und Zugang zur öffentlichen Verwaltung bedeutet, braucht es mehr als die Errichtung eines weiteren Debattierclubs.

Ich bin ein Verfechter des Ländlichen Raums, wir müssen aber ein klares Konzept für ihn haben: Was ist im Ländlichen Raum unverrückbar? Was macht ihn aus, was ist es Wert, bewahrt zu werden? Und er muss Charakter bewahren. Man muss den Ländlichen Raum gut schützen – mit intakter Natur und Umwelt.

Andreas Brandstetter

Für gleichwertige Lebensverhältnisse in Stadt und Land braucht es die gemeinsame Anstrengung aller Akteure im Land. Ich werbe für eine breite Allianz für den Ländlichen Raum. Wir brauchen eine Lobby für den Ländlichen Raum. Wir müssen von Zielen zu Handlungen kommen. Für mich ist nichts mächtiger als das Tun. Aus der Vision muss ein Plan werden! Innovieren statt demonstrieren!
Wir brauchen daher gleichwertige Lebensverhältnisse. Aus Daseins- wird „Dableibensvorsorge". Denn „alles überall" ist der falsche Weg, den wir uns auch nicht leisten können. Aber „alles für jeden" muss das Ziel sein. Es geht um die bestmögliche regionale Nahversorgung, mit Lebensmitteln und Lebensqualität, mit regionalen Arbeitsplätzen und Bildungsangebote, es geht um gezielte Impulse in Wirtschaft, Gesundheit und Kultur,

die nicht nur singulär, sondern für eine gesamte Region wirken. Nicht als Gießkanne, sondern gleichsam als regionale Akupunktur. Gleichwertige Lebensverhältnisse müssen zur zentralen Leitvorstellung von Bund und Ländern werden. Auch in der Europäischen Union ist die Angleichung der Lebensverhältnisse ein zentrales politisches Ziel. Es soll eine gleichwertige Entwicklung aller Landesteile und eine gleichmäßige Chancenverteilung für alle Bürgerinnen und Bürger geben. Dieser Anspruch auf gleichwertige, nicht gleiche Lebensverhältnisse, muss auch unser Ziel für die Entwicklung von Land und Stadt sein.

Die Grenzen der Geographie überwinden wir, indem wir die Grenzen des Denkens überwinden! Stadt und Land sind kein Gegensatz. Wir brauchen das Beste von beidem: Stadt und Land können sich gegenseitig ergänzen, befruchten, im besten Sinne austauschen und zusammenrücken.

10. Global plus lokal
Europa braucht mehr Subsidiarität.

»Europa« ist altgriechisch und bedeutet etwa »die mit der weiten Sicht«. In Zukunft muss es darum gehen, sich bereits abzeichnende Probleme frühzeitig zu erkennen und entsprechend zu handeln, wie es Klimakrise und Coronapandemie bereits heute zeigen. Europäische Souveränität und nationale Subsidiarität bedingen sich. »Subsidiarität« bedeutet für mich mehr Eigenverantwortlichkeit. Die Zukunft entscheidet sich in den Regionen, Städten und Gemeinden vor Ort. Bürgermeister und Regionalpolitiker sind die Träger einer europäischen Bewegung für eine bessere Zukunft. Europa muss daher wieder mehr Subsidiarität wagen und leben! Das heißt: Europa muss in Zukunft größer *und* kleiner werden. »Größer« bei den globalen und »kleiner« bei den lokalen Fragen. Ich setze mich für ein Europa ein, das die Dinge von unten her denkt. Konkret heißt das: Europa oder aber auch der österreichische Staat soll nur dann aktiv werden, wenn die kleinere Einheit es nicht alleine schafft. Statt alles zu harmonisieren und zu vereinheitlichen, geht es um Platz für Verschiedenheit und Heimat. Europa sind für mich die vielen europäischen Regionen mit ihren eigenen Traditionen, ihrer Kultur, ihrer Sprache und ihrer Landschaft.

Plus statt Minus! Nur das bringt uns gemeinsam voran.

Das aktuelle Beispiel, was Europa leisten kann, zeigt sich im Ukraine-Konflikt. Eine Herausforderung, bei deren Lösung es wichtig ist, dass sich nicht 27 Staaten gegeneinander ausspielen, sondern geeint mit einer Stimme sprechen, Synergien nutzen und auf Augenhöhe mit den Großmächten unserer Welt verhandeln können.

 Und was ansteht in einer zusammenwachsenden Welt ist einfach auch eine Globalisierung des Verantwortungsbewusstseins. Ich glaube, die aktuelle Situation mit der Covid und Ukrainekrise erinnert uns genau daran. Die Antworten auf die großen Fragen der Zeit gelingen also nur gemeinsam und ich bin nach wie vor überzeugt, dass wir mehr und nicht weniger Europa brauchen.

Michael Landau

Europa muss die Daseinsvorsorge außerhalb der Metropolen ausbauen und benachteiligte Regionen fördern, etwa durch Ansiedlungsprogramme und Investitionen in energieeffiziente und ressourcenarme Projekte. Europa ist lokal wie global, Nation wie Union, Heimat und Horizont.

Mir geht es nicht um ein Minus: Europa minus Nationalstaaten oder Städte minus Gemeinden, sondern um ein Plus. Die Weltgemeinschaft braucht ein souveränes Europa, starke Nationalstaaten, lebenswerte Städte und prosperierende Gemeinden. In der aktuellen Stunde herrscht in der Ukraine Krieg. Das ist ein zutiefst trauriges und enttäuschendes Ereignis, doch führt uns wieder vor Augen, warum es ein gemeinsames Europa braucht. Wir haben es schon nicht mehr hören können, dass der Kern der Europäischen Union ein Friedensprojekt ist. Jetzt sehen wir, dass niemand, keiner der Nationalstaaten, jemals bereut hat an diesem Friedensprojekt der letzten Jahrzehnte mitgearbeitet zu haben.

Politik ist ein Positiv- und kein Negativsummenspiel. Wir gewinnen nicht, wenn andere verlieren. Wir sitzen alle in einem Boot und Haus namens „Welt". Ihr Fundament sind die ländlichen Gemeinden. Wir alle sind verantwortlich, nicht nur „die da oben" in Politik, Medien und Wirtschaft. Jeder von uns kann einen Unterschied machen. Auf jeden kommt es an. Daher müssen wir wieder mehr ins persönliche Gespräch miteinander kommen. Wirtschaft, Kultur, Religion, Gesellschaft und Politik.

III. Neu.Land.Leben –
Das Land hat Heimat und Zukunft

Zusammenfassung der Werkstattgespräche

All meine Überlegungen zur Zukunft in unseren Dörfern und Gemeinden fußen auf Erfahrungen, Bauchgefühl und vor allem auf den Gesprächen mit den Mitwirkenden dieses Buches in meiner Holzwerkstatt. Diese Gespräche haben viele meiner Ansichten bestärkt, manche widerlegt und mir auch Dinge vor Auge geführt, denen ich bisher kaum Beachtung geschenkt habe.

Ich wollte diesen Austausch bewusst nicht in irgendeinem Büro machen, weil ich weiß, dass man dort oft in seiner Funktion gefangen ist und versucht, stur irgendwelche Tagesordnungen abzuarbeiten. Erst beim gemeinsamen Arbeiten passiert intensiver, ehrlicher und authentischer Austausch. Das hat mich und, so denke ich, auch meine Gesprächspartnerinnen und Gesprächspartner beflügelt.

Mit Andreas Brandstetter verbindet mich schon eine langjährige Freundschaft. Wir tauschen uns immer wieder zu aktuellen wirtschaftlichen Fragen aus. Er hat mir vor ein paar Jahren Mut gemacht, noch stärker das Thema der grünen Investitionen in das politische Rampenlicht zu rücken. Damit hatte er auch recht, denn in den letzten Jahren war durch die niedrigen Zinsen sehr viel Kapital im Umlauf. Viele suchten deshalb fast schon verbissen nach Investitionen, in denen sie ihr Geld sicher anlegen konnten. Grüne Investitionen, beispielsweise in kleine Wasserkraftwerke vor Ort, waren und sind Investitionen, die nachhaltig und langfristig gut für die Umwelt und auch ökonomisch interessant sind. Besonders spannend fand ich, dass wir bei vielen Themen, die ich mit Andreas im Laufe des Gesprächs diskutiert habe, doch immer wieder auf ein essenzielles Thema für das Leben am Land zurückgekommen sind. Nämlich die Frage der gut überlegten Raumplanung. Andreas hat es sinngemäß so ausgedrückt: „Ich mache mir keine Sorgen, dass es irgendwann mal keine Menschen im Ländlichen Raum gibt. Ich mache mir Sorgen darüber, dass es irgendwann keinen Ländlichen Raum mehr gibt."

Eine besonders nette Atmosphäre hatten wir, als Christa Kummer zum Schuhlöffel machen vorbeikam. Es war noch kalt draußen, aber Christa ließ sich nicht aufhalten, hat gar nicht lange gezögert, die Bandsäge meisterhaft bedient und sogar nebenbei noch Zeit gefunden, mir lustige Episoden von ihrem Hausbau zu erzählen.

Zum Thema Hausbau und Ressourceneinsatz hat sie aber nicht nur lustige Dinge zu erzählen, sondern sie weiß ganz genau, wo die Probleme der Zeit liegen und das noch viel Interessantere: Sie hat konkrete Lösungen parat. Diese Lösung lässt sich im Wesentlichen mit dem Wort „Lebensstiländerung" zusammenfassen.

Erich Erber war der Einzige, der seinen Schuhlöffel nicht selbst anfertigen musste. Ich habe ihm aber versprochen, dass er das tun muss, sobald er wieder in Österreich zurück ist. Erich ist ein langjähriger Bekannter, der sein Unternehmen vom niederösterreichischen Zentralraum aus aufgebaut hat und später mehr als 1.500 Mitarbeiter beschäftigte. Zum Zeitpunkt unseres Online-Werkstattgesprächs war er gerade in Ras al Chaima, einer Stadt in der Nähe von Dubai, wo er seit der Pandemie sesshaft ist. Wie immer hatte Erich einen guten Schmäh auf den Lippen, doch beim genaueren Hinhören erkennt man, wie ernst und zukunftsweisend die Themen sind, um die er sich Gedanken macht. Wohl kaum jemand kennt die globalen, wirtschaftlichen Verflechtungen der Lieferketten so gut wie er. Deshalb war es für mich nicht überraschend, dass er in Hinblick auf die andauernde Covidpandemie und vor allem die jetzige Ukrainekrise große Problemfelder für die Wirtschaft identifiziert hat. Umso überraschender war es für mich aber, als er mir erklärt hat, wie er die Notwendigkeit der dezentralen Bildung versteht. Er plädierte in erster Linie nicht für großartige Bildungsreformen, sondern für einen gesellschaftlichen Wandel. Er meinte, die Menschen müssen einfach offen, neugierig und wissbegierig bleiben. Dann käme der schulische und berufliche Erfolg ganz von allein.

In meinen Vorüberlegungen zu diesem Buch habe ich mir darüber Gedanken gemacht, was die Meta-Themen unserer Zeit sind. Dazu gehört natürlich das Thema Klimawandel. Ich habe mich deshalb sehr gefreut, als mir Katharina Rogenhofer am Telefon gleich zugesagt hat, dass auch sie vorbeikommen wird und einen Schuhlöffel machen möchte. Ich war sehr positiv überrascht, weil sie in keinster Weise Berührungsangst mit dem Werkzeug in meiner Werkstatt hatte. Im Gegenteil, sie wusste sofort, welcher Arbeitsschritt der nächste war und was wir dafür brauchten. Ich musste deshalb natürlich nachfragen, ob sie in ihrer Wohnung in Wien auch eine Werkstatt hat. Und sie erzählte mir anschließend, dass ihr Onkel Tischler war und ihr das Arbeiten mit Holz deshalb ein wenig in die Wiege gelegt wurde.

Das war sehr authentisch und sozusagen unser Eisbrecher, der uns dazu brachte, wirklich sehr ernsthaft und auch kontroversiell miteinander zu diskutieren. Wir diskutierten nicht deshalb so hart, weil wir uns nicht einig wären bei der Bedeutung des Klimawandels für die Zukunft – da sind wir d'accord. Aber uns beiden ist dieses Thema derart wichtig, dass wir die derzeitigen Maßnahmen, die dem Klimawandel entgegenwirken sollten, wirklich ganzheitlich unter die Lupe genommen haben und versucht haben herauszuarbeiten, wo Klimapolitik Sinn macht und welche Maßnahmen Probleme nur verschieben, zu wenig ambitioniert sind, aber auch welche Maßnahmen ganz leicht durchzusetzen wären, etc.

Markus Hengstschläger halte ich für einen der bedeutendsten Wissenschaftler Österreichs und bin ein riesiger Fan seiner Bücher. Er schafft es, komplexe wissenschaftliche Zusammenhänge für jeden Laien verständlich zu formulieren. Seine Vergleiche und Beispiele aus dem Leben sind dafür immer besonders hörens- und lesenswert. Manchmal haben seine Podiumsdiskussionen etwas von einem Kabarettabend. Aber von einem jener Kabarettabende, bei dem man bei jeder Pointe etwas Nützliches für das Leben lernt und der zum Nachdenken anregt. Sie können sich also vorstellen, wie lange unser Gespräch dauerte – wir konnten es natürlich nicht in vollem Umfang abdrucken.

Doch wir haben vor allem die essenziellen Gedanken zu einer Zukunft mit künstlicher Intelligenz und zur Entwicklung gesellschaftlicher Werte herausgenommen. Es ging dabei auch viel um die Begabung zur Lösungsfindung, die Markus Hengstschläger ja auch in einem eigenen Buch von ihm thematisiert. Sie können also sicher sein, dass Sie auch dieses Gespräch inspirieren wird.

Julia Lacherstorfer kenne ich von verschiedenen Kultur- und Volksmusikveranstaltungen. Mich interessierten vor allem ihre Erfahrungen aus einem ihrer Projekte, bei dem sie sich mit der Lebensgeschichte von alten Bäuerinnen auseinandergesetzt hat. Deshalb habe ich sie zu mir eingeladen. Wir hatten langen, sehr regen Diskurs, vor allem was das Thema Frauen am Land betrifft. Wir beide halten es für wichtig, dass sich hier Rahmenbedingungen, beispielsweise in der Kinderbetreuung, ändern. Aber wir haben auch besprochen, dass es ein Thema gibt, mit dem sich derzeit niemand so richtig beschäftigen will, unter dem aber ein Großteil der Frauen am Land leidet: Die gesellschaftliche Akzeptanz von Frauen, die alt eingefahrene Bahnen durchbrechen. Hier gibt es sowohl sach- als auch gesellschaftspolitisch viel zu tun.

Bei diesen Werkstattgesprächen wollten immer auch unsere Kinder dabei sein. Sie waren neugierig, wer da zu Besuch kommt und noch neugieriger, was in der Holzwerkstatt schon wieder getischlert wird. Deshalb war es mir auch wichtig, mit einem meiner Gäste speziell auf das Thema Kinder einzugehen. Und wer passte da besser als Paulus Hochgatterer?

Ihn kenne und schätze ich, weil er Primarius am Landesklinikum Tulln ist. Außerdem habe ich viele seiner Bücher gelesen und verfolge seine Interviews zum Thema Kinder in Zeiten der Pandemie. Es war klar für mich, dass er ein Vordenker ist und nicht immer einfach den Massenmeinungen traut. So erlebte ich ihn auch in unserem Gespräch. Er arbeitet tagtäglich mit Kindern und Jugendlichen, weshalb ich es umso spannender finde, dass er vollkommen davon überzeugt ist, dass das Gerede über die „verlorene Generation" (lost generation) wissenschaftlich so nicht fundiert ist. Diese Behauptungen werden weder evidenzbasiert aufgestellt, noch von Fachexperten bestätigt. Hochgatterer und ich sind einer Meinung darüber, dass die heutige junge Generation nicht weniger, sondern viel mehr Kompetenzen hat, als unsere Generation.

Michael Landau war bei mir zu Gast, als der Krieg in der Ukraine mittlerweile schon mehr als einen Monat andauerte. Nicht verwunderlich dürfte es da sein, dass sich unser Gespräch immer wieder um diese große humanitäre Krise drehte. Wir haben aber auch sehr positive Blicke in die Zukunft gerichtet und über mögliche Ansätze diskutiert, um Solidarität und Nachbarschaftshilfe dauerhaft als gesellschaftlichen Wert fest zu verankern. Michael hat auch die Gedanken des Papst Franziskus zu uns in die Werkstatt geholt und mit mir über die Zukunft der Dorf- und Gemeindepfarren diskutiert.

Als Abschluss, liebe Leserinnen und Leser, erfahren Sie in einem Werkstattgespräch mit mir selbst, welche Schlussfolgerungen und Handlungen ich von diesen Gesprächen ableite. Sie gewinnen einen Eindruck davon, wie ich das Leben zwischen Metaversum und Hobelbank leben möchte und warum ich der festen Überzeugung bin, dass der Ländliche Raum der Lebensraum mit Perspektive und Zuversicht sein wird.

Lassen Sie sich auf das Abenteuer mit meinen Gesprächspartnerinnen und Gesprächspartnern ein. Kommen Sie mit uns in meine Werkstatt!

IV. Ausblick

Zu den Büchern, die ich am Ende des letzten Jahres gelesen habe und die mir besonders in Erinnerung bleiben werden, gehört „Zuversicht" von Melanie Wolfers. In dem Buch gibt es eine Geschichte, die mir wichtig ist und die ich Ihnen, liebe Leserinnen und Leser, mit auf den Weg in die Zukunft geben möchte:

„Eines Tages kam ein Professor in die Klasse und schlug einen Überraschungstest vor. Er verteilte sogleich das Aufgabenblatt, das wie üblich mit dem Text nach unten zeigte. Dann forderte er seine Studenten auf, die Seite umzudrehen und zu beginnen. Zur Überraschung aller gab es keine Fragen – nur einen schwarzen Punkt in der Mitte der Seite. Nun erklärte der Professor Folgendes: „Ich möchte Sie bitten, das aufzuschreiben, was Sie dort sehen." Die Schüler waren verwirrt, aber begannen mit ihrer Arbeit. Am Ende der Stunde sammelte der Professor alle Antworten ein und begann sie laut vorzulesen. Alle Schüler ohne Ausnahme hatten den schwarzen Punkt beschrieben – seine Position in der Mitte des Blattes, seine Lage im Raum, sein Größenverhältnis zum Papier etc. Nun lächelte der Professor und sagte: „Ich wollte Ihnen eine Aufgabe zum Nachdenken geben. Niemand hat etwas über den weißen Teil des Papiers geschrieben. Jeder konzentrierte sich auf den schwarzen Punkt – und das gleiche geschieht in unserem Leben. Wir haben ein weißes Papier erhalten, um es zu nutzen und zu genießen, aber wir konzentrieren uns immer auf die dunklen Flecken. Unser Leben ist ein Geschenk, das wir mit Liebe und Sorgfalt hüten sollten und es gibt eigentlich immer einen Grund zum Feiern – die Natur erneuert sich jeden Tag, unsere Freunde, unsere Familie, die Arbeit, die uns eine Existenz bietet, die Wunder, die wir jeden Tag sehen ... Doch wir sind oft nur auf die dunklen Flecken konzentriert – die gesundheitlichen Probleme, der Mangel an Geld, die komplizierte Beziehung mit einem Familienmitglied, die Enttäuschung mit einem Freund usw. Die dunklen Flecken sind sehr klein im Vergleich zu allem, was wir in unserem

Leben haben, aber sie sind diejenigen, die unseren Geist beschäftigen und trüben. Nehmen Sie die schwarzen Punkte wahr, doch richten Sie ihre Aufmerksamkeit mehr auf das gesamte weiße Papier und damit auf die Möglichkeiten und glücklichen Momente in ihrem Leben und teilen sie es mit anderen Menschen!"

Konkrete Antworten auf die offenen Fragen sind noch zu finden – jeden Tag aufs Neue. Nicht nur die Politik ist gefordert, wir alle sind gefordert. Es wird Anstrengungen und die Hilfe vieler brauchen. Dieses Buch ist ein Manifest für ein neues Landleben, ein Plädoyer für ein neues Lebensgefühl und eine Einladung zum Mitmachen. Machen Sie mit!

TEIL 2

Die Inhalte der Interviews stellen die Standpunkte und Meinungen meiner Gesprächspartnerinnen und Gesprächspartner dar. Diese respektiere ich und wurden deshalb unverändert veröffentlicht.

Werkstattgespräche

Einleitung

Liebe Leserin! Lieber Leser!

In diesem Teil lernen Sie nun Persönlichkeiten kennen, mit denen ich mich besonders gerne austausche, weil sie immer kritisch hinterfragen und den Blick auf das große Ganze lenken. Gemeinsam wollen wir mit diesen Gesprächen nicht nur oberflächlich Themen abhandeln, sondern zwei große Gegensätze unserer heutigen Zeit und die Auswirkungen davon auf unser aller zukünftiges Leben herunterbrechen. Wir haben versucht herauszufinden, wie sich unsere Zukunft zwischen Virtualität und Identität verändern wird. Zwischen der Welt, in der man nur noch in virtuellen, digitalen Welten nach Information sucht, und der Welt, in der man hinter der Hobelbank steht und die Dinge haptisch angreift, etwas Beständiges schafft und sich selbst mit allen Sinnen erlebt.

Damit das gelingt, habe ich nicht nur Gespräche mit allen geführt, sondern auch gemeinsam gearbeitet. Denn wenn ich eines in meiner politischen Laufbahn gelernt habe, dann das, dass nirgendwo so intensiver Austausch passiert, als bei der gemeinsamen Arbeit. Deshalb durften all meine Gesprächspartner ihren eigenen Schuhlöffel in meiner Hauswerkstatt anfertigen. Meine Gäste durften sich das Holz selbst aussuchen und die Länge individuell gestalten. Mit vier Schuhlöffeln aus Birnenholz, drei aus Erle und einem aus Zirbe, würde ich meinen, lässt sich ein klarer Favorit ableiten. Und ich kann Ihnen versichern, meine Gesprächspartner sind nicht nur intellektuell bewandert, sondern auch handwerklich sehr geschickt! Ich lade Sie deshalb ein: drehen Sie jetzt ihr Handy ab, lassen Sie die virtuelle Welt hinter sich und kommen Sie mit uns mit in meine Hauswerkstatt.

Andreas Brandstetter

Christa Kummer

Erich Erber

Julia Lacherstorfer

Markus Hengstschläger

Katharina Rogenhofer

Paulus Hochgatterer

Michael Landau

Stephan Pernkopf

Holz: Erle
Länge: mittellang

Werkstattgespräch mit Andreas Brandstetter

„Wir tun uns alle leichter im Leben, wenn es einen Sinn gibt,
den wir in unserem Tun sehen. Und ich glaube, diese Suche
nach Heimat, nach Sinnstiftung, ohne dass das jetzt provinziell
oder altväterisch klingt, auf die kommt es jetzt an."

*Andreas Brandstetter, geboren 1969, ist in Schönberg am Kamp aufgewachsen,
lebt heute in Wien und ist Vater von drei Kindern. Er studierte Politikwissen-
schaften, Geschichte und später Wirtschaft. Seine Ausbildungen absolvierte er
in Wien und den USA. Heute ist er Vorstandsvorsitzender des Versicherungs-
unternehmens UNIQA Insurance Group AG.*

Pernkopf: Was hat das Landleben an Vorteilen, was Städte nicht bieten können? Sind Stadt und Land Gegensätze?

Brandstetter: Für mich persönlich war und ist das Land ein Kraftplatz, ein
Ort der Rückkehr, der Besinnung, des Purseins, des Menschseins. Das
Land ist für mich auch ein Ort des Seins wie ich bin – wo ich nicht eine
Rolle, eine Funktion einnehmen muss. Für mich ist der Beruf in der Stadt
– ich mag Stadt, ich brauche Stadt – aber ich brauche viel mehr das Land.
Ich brauche den Sommer zuhause im Garten, die Luft im Wald, brauch
Stille, weil mein Leben beruflich sehr laut und schrill ist. Und im Beruf ist
sehr viel Druck auszuhalten, zu entsprechen und zu liefern. Und Natur ist
für mich Auftanken, Ankommen.

Stadt und Land bedingen sich. Das eine ist ohne das andere undenkbar.
Wenn man in das eine eintaucht, bekommt das andere ein neues Format
und einen anderen Stellenwert. Es ist wie Yin und Yang. Aber es ist auf
keinen Fall einander ausgrenzend oder einander feindlich und beides hat
Platz und Raum.

Pernkopf: *Du bist Manager in der Wirtschaft. Dezentralisierung ist eine Tendenz in Österreich – kann das Land davon profitieren?*

Brandstetter: Ja, das ist eindeutig eine große Chance und Perspektive für das Land. Covid hat uns zuletzt gezeigt, dass Arbeit komplett disloziert stattfinden kann. Arbeit muss auch nicht im Kosovo oder in anderen Billiglohnländern stattfinden. Arbeit kann in hochqualitativer Form auch im Mühlviertel oder Waldviertel stattfinden. Mir ist nur wichtig, dass wir schauen, dass der Ländliche Raum intakt bleibt. Man muss gut überlegen: Wo siedeln wir welche Arbeit wie an? Das Gleichgewicht zwischen Ökologie und Ökonomie gut zu erhalten, darauf kommt es an. Aus dem heraus erkennst Du jetzt auch eine gewisse Sorge von mir, was die Zersiedelung betrifft, die ich da und dort wahrnehme. Wir brauchen noch viel mehr Hirnschmalz, gute Planung und auch ein Stück weit Zurückhaltung, um die richtigen Entscheidungen zu treffen.

Pernkopf: *Präsenz oder Homeoffice? Wie viel Präsenz ist im Bürobetrieb noch notwendig? Wie kann ein zukünftiger Mix ausschauen?*

Brandstetter: Beim Thema Homeoffice ist es ist derzeit wie ein Regelschieber, der von Null auf Hundert geschoben werden kann. Früher hatten wir de facto Null oder vielleicht 10 Prozent Homeoffice, jetzt hatten wir durch die Pandemie Tage, an denen kann das bis auf 100 Prozent steigen, ohne dass Produktivität oder Einsatzwille verloren gehen. Allerdings braucht es soziale Umgebungen und deshalb werden sich, je nach Berufsstand und Branche, verschiedene Modelle etablieren. Mir persönlich ist die persönliche Begegnung wichtig, weil ich merke, dass man eine Unternehmenskultur, eine gemeinsame Geschichte, eine gemeinsame Vision nicht entwickeln kann, wenn man sich das ganze Jahr über nicht persönlich sieht. Deshalb wird es für mich eine Mischung aus Homeoffice und nach wie vor physischer Präsenz sein. Es braucht Kernarbeitszeiten und Räume, wo man einander nach wie vor als Team physisch begegnet. Ohne dem kann eine kulturelle Transformation und Entwicklung eines Unternehmens nicht stattfinden oder funktionieren.

Pernkopf: *Also es geht nicht nur um geplantes Treffen, sondern auch darum seine Kollegen zufällig bei einem Kaffee zu treffen.*

Brandstetter: Ja genau, darum geht's.

Pernkopf: *Stichwort „Risikogemeinschaft Dorf". Nicht nur Versicherungsunternehmen sind Risikogemeinschaften, sondern auch unsere Dörfer. Lebensrisiken oder Schicksale werden durch die Dorfgemeinschaft zumindest kurzfristig aufgefangen oder gemildert. Versicherungen und Genossenschaften haben dieses Prinzip in ihre Arbeit aufgenommen. Wie essentiell ist dieses Prinzip für den Ländlichen Raum? Oder sind Dörfer auch ohne das alles denkbar?*

Brandstetter: Dörfer sind seit Jahrzehnten genau das, was heute Risikogemeinschaften sind. Dörfer tragen durch Feuerwehren, durch Vereine, etc., die Last und das Risiko, das für einen einzelnen alleine zu groß wäre, verteilt auf vielen Schultern. Das ist ein wunderschönes Beispiel für Solidarität und ich denke, das Zusammenspiel von Dörfern und Finanzdienstleistern wie Banken oder Versicherungen, gerade in digitalen Zeiten, wird sich zu sehr attraktiven Formen entwickeln. Es ist viel leichter möglich, auf die speziellen Bedürfnisse einer Gemeinde im Industrieviertel versus einer Gemeinde im Mostviertel einzugehen, weil es eine ganz andere topographische Lage, ganz andere Risken und eine andere Bevölkerungsstruktur hat. Es wird möglich sein, Bank- und Versicherungsdienstleistungen viel spezifischer auf die Bedürfnisse eines Einzelnen anzubieten. Das ist das, was man in vielen Teilen der Welt unter dem Begriff „microfinance" kennt. Wo sich dann quasi die Bevölkerung zusammenschließt, um einer bestimmten Familie zu helfen oder Ähnliches. Ich glaube, da wird in Zukunft viel mehr möglich sein, weil man viel treffsicherer und zielgenauer wird, wenn man auf die individuellen Bedürfnisse eines Dorfes und einer Ortschaft eingehen können wird.

Pernkopf: Du bist als Vorstand eines börsennotierten Unternehmens neben den Kunden vor allem auch den Aktionären verpflichtet: Wachstum, gesundes Unternehmen, Dividende – alles Werte, die sehr wirtschafts- und profitbasiert anmuten. Was braucht es eigentlich für ein „gutes Leben"? Wie können da grüne Investitionen mitwirken?

Brandstetter: Grüne Investitionen sind das große Thema des nächsten Jahrzehntes. Und wenn das gut gelingt, kann man hier eine gute Kombination von globalen Investoren und kleinteiligen Regionen erreichen. Wenn es uns gelingt, dass wir auch in kleinen Strukturen Kapital und Geld so hinlenken, dass dort die grüne Transformation unmittelbar erlebbar ist, durch eine spezielle Form eines Flusskraftwerks, durch Solartechnik und anderes, ist das aus meiner Sicht der perfekte Kreislauf. Und ich bin sicher, da wird es in den nächsten Jahren und Jahrzehnten auch noch viel geben, was heute noch gar nicht existiert, weil sich hier technisch so viel weiterentwickelt. Wichtig ist, dass das Kapital aus einer Kleinregion, die in eine Versicherung beispielsweise einzahlt, auch wieder direkt vor Ort reinvestiert wird und so sichtbar und spürbar für die Menschen ist.

Pernkopf: Vorratshaltung hatte über Jahrzehnte keine Konjunktur. Corona und der Ukraine-Krieg lassen die Menschen umdenken. Schlägt das Pendel gerade wieder zurück?

Brandstetter: Ich hoffe nicht. Ich bin ein erklärter Fan des globalen Handels und ich glaube, das hat uns als Gesellschaft jenen Wohlstand

beschert, den wir heute haben. Österreich hat stark davon profitiert. Aber möglicherweise wird es da und dort ein gewisses Umdenken brauchen. Wenn man sich auf verschiedene Staaten, politisch umstrittene Staaten, und Kooperationen nicht mehr verlassen kann, dann braucht es da oder dort andere Bündnispartner oder eine Schaffung von Vorratshaltung. Oder das Gewinnen von Ressourcen oder Produktionsmitteln im eigenen Land oder in jenen Drittstaaten, denen man vertrauen kann.

Pernkopf: Der Arbeitstitel unseres Buches lautet „Metaversum und Hobelbank". Geht beides?

Brandstetter: Ja. Gerade in diesen Krisenzeiten erlebe ich in meinem Umfeld, dass wir permanent von digitaler Überforderung und von Sinnentfremdung sprechen. Wir tun uns alle leichter im Leben, wenn es einen Sinn gibt, den wir in unserem Tun sehen. Und ich glaube, diese Suche nach Heimat, nach Sinnstiftung, ohne dass das jetzt provinziell oder altväterisch klingt, die kommt jetzt. Und meine These ist, dass diese Suche unter dem stattfindenden Klimawandel immer mehr an Attraktivität gewinnt. Aber noch einmal: beides ist möglich, als Optimist sehe ich die Hobelbank eindeutig stark im Trend.

Pernkopf: Zum Thema Digitalisierung hab ich mal in einem Artikel von Dir gelesen, da hast Du gesagt, es werden ein Prozent eurer Versicherungen online abgeschlossen. Wie ist da jetzt der Stand der Dinge – wo geht die Tendenz hin?

Brandstetter: Der Prozentsatz ist ident. Nach wie vor liegen wir beim Abschluss von Online-Versicherungen bei einem Prozent. Und das ist wieder das Thema Metaversum und Hobelbank. Du brauchst einfach beides.

Für zeitlich befristete, ganz spezielle Versicherungen, kann das eine Option sein. Aber für komplexere Produkte wie Lebensversicherungen, Krankenversicherungen und dergleichen werden die Österreicherinnen und Österreicher immer zu ihrem Berater auf ein persönliches Gespräch vorbeikommen, wo man jemand in die Augen schauen und sein Gegenüber als vertrauenswürdig oder nicht beurteilen kann. Gerade Österreich ist da ein sehr konservatives Land und in diesem Bereich sind nur langsam

Veränderungen merkbar. Die wirklich komplexeren Produkte, die beratungsintensiven, die werden immer eine menschliche Tonalität brauchen, die werden immer etwas zum Greifen brauchen. Eine einfache Reiseversicherung aber, kann man auch online am Weg zum Bahnhof oder Flughafen kaufen.

Pernkopf: Du hast schon in einer frühen Phase der Pandemie ganz eindeutig Stellung bezogen – Dein Appell war damals: Politik solle endlich konsequent gegen Corona, drohenden Pflegemangel und Pensionslücke vorgehen. Wo geht die Reise beim Gesundheitsthema hin, was sind die großen Herausforderungen in Österreich?

Brandstetter: Wir haben in Österreich ein exzellentes staatliches Gesundheitssystem. Wir sind in einer gewissen Art und Weise sogar verwöhnt. Wir haben allerdings mehrere Faktoren, die negativ hineinspielen. Erstens: die Bevölkerungszahl steigt, wir wachsen stetig, auch aufgrund der Migration. Zweitens: Wir haben einen Mangel in den ärztlichen Bereichen, auch bei niedergelassenen Ärzten am Land. Das heißt, wir haben nicht mehr das dichte Netzwerk wie früher. Und Drittens: Die Kosten für medizinische Leistungen steigen generell.

Meine These ist also: Der Staat wird künftig nicht mehr in der Lage sein, exzellente Gesundheitsleistungen rund um die Uhr allen Teilnehmern der Gesellschaft gleichermaßen zur Verfügung zu stellen. Dafür gibt es aber eben uns private Investoren und zum Beispiel Versicherungsunternehmen, die bereit sind, nicht gegen, sondern mit dem Staat, im Sinne von Public-Private-Partnership-Modellen, zum Beispiel in private Spitäler zu investieren. Oder auch um zu schauen: Wie kann man die ärztliche Gesundheitsversorgung der Bevölkerung im Ländlichen Raum sicherstellen?

Pernkopf: Du bist selber Vater von drei Kindern. Wenn genau am heutigen Tag ein Kind auf die Welt kommt, dann kommt es in einer Zeit auf die Welt, in der erstmals seit 1945 wieder ein Land aktiv Krieg gegen ein anderes führt. Was wird dieses Kind in 20–30 Jahren über ihre ersten Lebensjahre erzählen?

Brandstetter: Was mir besonders Sorge macht, ist die Frage: Sind wir in der Lage, diese Welt besser zu hinterlassen, als wir sie vorgefunden haben? Wie viel Armut gibt es, wie sind die Bildungschancen? Wie ist der Planet beieinander, wie ist die Natur beieinander, wie ist die Lebensqualität?

Und das Zweite ist: Wir sind beide in Freiheit aufgewachsen. Und das in jeder Hinsicht. Wir sind Kinder von Eltern, die rund um die Zeit des Zweiten Weltkriegs geboren wurden, die aber die Nachkriegszeit als eine wahre wirtschaftliche Erfolgsgeschichte erlebt haben. Gerade in Niederösterreich. Es war berufliche Entfaltung möglich, wir konnten uns vieles selber aussuchen und die Eltern haben es mitgetragen. Es gab den Mauerfall, es gab die Öffnung des Ostens, es gab den Beitritt zur EU – es waren Perspektiven und Aufbruch da. Und heute habe ich das Gefühl, dass diese Freiheit und Selbstverständlichkeit, dieses: sich „nix pfeifen", dass das so nicht mehr möglich ist. Es gibt heute so viele Gebote, Verbote, Regularien, Einschränkungen, die Jungen haben heute viel mehr Ängste. Und da frage ich mich, was das für Auswirkungen auf unsere Kinder und noch viel mehr auf unsere Enkelkinder haben wird.

Pernkopf: Was bedeutet für Dich Europa oder was sollte Europa sein?

Brandstetter: Ich bin ja glühender Europäer. Ich kann mit Nationalstaaten wenig anfangen. Ich habe im Nebenfach Geschichte studiert und hab mich viel mit Nationalstaaten beschäftigt. Immer wenn Nationalstaaten enge Grenzen gezogen haben, also auch Grenzen im Kopf, Grenzen in der Religion, Grenzen zu anderen Ethnien, dann war das auch ein Aus für Wachstum, für Begegnung, für Wirtschaft für Handel, für Kultur, das Ende für Forschung. Verarmung und Verengung also in jeder Hinsicht! Und das haben wir im Laufe der Geschichte immer wieder gesehen. Darum ist Europa für mich ein Auftrag. Offen gesagt habe ich einen Traum: eine Art „Vereinte Staaten von Europa". Wo es starke Regionen wie etwa Niederösterreich gibt, aber wo die Nationalstaatlichkeit mehr in den Hintergrund tritt – für ein großes Ganzes. Mein Traum ist nicht nur eine gemeinsame Außen- und Sicherheitspolitik und Verteidigungspolitik, sondern wirklich ein Lebensraum, wo die gleichen Gesetze gelten, wo für alle Bürgerinnen und Bürger die gleichen Möglichkeiten existieren.

Ich wäre auch viel offener, wenn es um die aktuellen Wackelkandidaten beim EU-Beitritt geht – am Balkan oder wie jetzt vielleicht die Ukraine.

Europa muss eine progressive, eine mutige Antwort sein, muss eine Strategie haben, um Beziehungen zu den USA, zu China und anderen Handelsräumen schaffen zu können. Europa ist ein Friedensprojekt, mein Leben und meine Vision.

Pernkopf: Der Ländliche Raum braucht Haltung. Deutschland hat die Gleichwertigkeit der Lebensräume sogar in der Verfassung verankert. Denkst Du, können diese gesetzlichen Vorgaben wirklich auch dazu beitragen, dass der Ländliche Raum aufgewertet wird?

Brandstetter: Es bringt etwas, wenn man es verbindlich macht. Ich mach mir aber keine Sorgen, dass der Ländliche Raum an Attraktivität verliert. Alleine wegen des Klimathemas wird er unglaublich gewinnen. Ich habe nur die Sorge darüber, wie wir mit unserer Verantwortung für den Ländlichen Raum umgehen. Ich will, dass der Ländliche Raum auch Ländlicher Raum bleibt. Und wenn ich zum Beispiel in den Ort schaue, wo ich herkomme, da hat im Laufe der letzten Jahre nicht jeder Entscheidungsträger verstanden, wie man mit der Entwicklung dieser Ortschaft umgehen muss. Wir haben haufenweise brachliegende Gebäude im Zentrum, es wurden Siedlungen am Ortsrand dazu gebaut, die zum Teil sehr wenig in der Sozialstruktur des Dorfes verankert sind. Ich bin ein Verfechter des Ländlichen Raums, wir müssen aber ein klares Konzept für ihn haben: Was ist im Ländlichen Raum unverrückbar? Was macht ihn aus, was ist es wert, bewahrt zu werden? Und er muss Charakter bewahren. Man muss den Ländlichen Raum gut schützen – mit intakter Natur und Umwelt.

Pernkopf: Als Schlüssel dafür, um das Land in seinem Charakter erhalten zu können, sehe ich persönlich auch immer die gemeinschaftlichen Dienste, die in einer Gemeinde ehrenamtlich geleistet werden. Hast Du den Eindruck, dass Corona hier die Begeisterung für die ehrenamtliche Arbeit getrübt hat?

Brandstetter: Unser Leben in der Gemeinschaft kennt nicht nur Rechte, sondern auch Pflichten. In den letzten Jahren haben viele in ihrem Wahn rund um die Selbstverwirklichung etwas Wichtiges vergessen und sind zunehmend egoistischer geworden. Wenn ich in einem Dorf lebe, bin ich immer auch Teil einer Gemeinschaft. Viele denken, sie können die Vorteile einer Gemeinschaft in Anspruch nehmen, aber müssen nichts in sie investieren. Das ist ein Irrtum. Wir müssen alle viel intensiver daran arbeiten, den Menschen zu vermitteln, dass sich Investitionen in die Gemeinschaft auch für einen selbst lohnen.

Pernkopf: *Wenn Du einen Wunsch hättest, was sollen wir als Gesellschaft behalten, was sollen wir ändern?*

Brandstetter: Mein größter Wunsch: Wir müssen wieder zu einem Bildungssystem zurück, in dem ab dem Kindergarten die besten Pädagoginnen und Pädagogen unsere Kinder betreuen! Das ist wie im Sport, wo – bei den besten Fussballclubs der Welt – die besonders fähigen Trainer den Nachwuchs ausbilden. Bildung darf keine gläserne Decke kennen, darf keine Frage der Zugehörigkeit zu einer sozialen Schicht sein. Bildung ist unser wichtigstes Investment für unsere Zukunft in einer globalen Welt!

Verlieren dürfen wir auch nicht die Solidarität, den Zusammenhalt, den Austausch, das Sprechen miteinander, die Wertschätzung, die Kommunikation. Das „im Gespräch bleiben".

Werkstattgespräch mit Christa Kummer

„Nichts hemmt uns mehr als die Angst vor Veränderung!"

Als erste Fernsehwettermoderatorin Österreichs wurde Christa Kummer landesweit einem Millionenpublikum bekannt. Die ausgebildete Klimatologin, Hydrogeologin und Theologin lebt in beiden Räumen: in der Stadt Wien und im ländlichen Waldviertel. Christas Motto „Fit for future" hat mich begeistert. Wir können unseren Lebensstil ändern – nicht als Verzicht, sondern als Bereicherung!

Pernkopf: Was mich bei Dir sofort fasziniert hat, ist Deine Ausbildung. Hydrogeologin, Klimatologin und Theologin, wie kam es dazu?

Kummer: Ja, das ist schon eine interessante Kombination. Die Naturwissenschaft versucht die Naturgesetze zu erklären. Und dort, wo ich mit Naturwissenschaft nicht mehr weiterkomme, dort beginnt bei mir die Theologie – die metaphysische Dimension des Seins. Die Verantwortung gegenüber der Schöpfung, der Umwelt und Menschheit ist die gemeinsame Klammer.

Pernkopf: Du hast ja gerade mit mir einen Schuhlöffel in der Werkstatt gemacht. Du hast Dir das Holz ausgesucht und Du wolltest einen langen Schuhlöffel haben, damit sich Dein Mann Franz nicht mehr so weit bücken muss.

Kummer: (lacht) Das ist recht lustig. Bei uns findet man überall im Haus bei den Eingangstüren Schuhlöffel. Da hängen schöne handgemachte Holzschuhlöffel, die mein Mann immer auf Christkindlmärkten kauft. Jetzt bekommt er einen handgefertigten mit Mostviertler Birnenholz aus Pernkopfs Werkstatt. Ein Unikat!

Pernkopf: Ich war sehr überrascht von Deiner Arbeit mit dem Holz. Großer Respekt, Du hast das super gemacht.

Kummer: Ja da siehst Du, dass ich auch handwerklich geschickt bin.

Pernkopf: Du beschäftigst Dich ja mit dem Thema Lebensstiländerung. Als Du heute zu uns gekommen bist, ist zufällig meine Frau auch mit unseren drei Kindern mit dem Lastenfahrrad nach Hause gekommen. Wir haben es uns vor zwei Jahren angeschafft, aus einem ganz einfachen Grund: Wir haben sehr kurze Wege zu fahren und mit einem normalen Rad kannst du weder drei Kinder noch eine Kiste Mineralwasser oder sonst irgendwelche Einkäufe mitnehmen. Mit der Anschaffung des Lastenfahrrads haben wir ungefähr zehn bis zwanzig Prozent unserer Fahrten gespart. Es macht Spaß und ist für uns auch kein Verzicht. Wer steigt im Sommer schon gern ins heiße Auto ein? Die Kinder sitzen vorne, sehen alles und sind begeistert.

Kummer: Das hat übrigens sehr süß ausgeschaut: die drei im Lastenrad vorhin.

Pernkopf: Ja die haben einen riesigen Spaß dabei. Aber das Lastenfahrrad ist nur ein Beispiel für eine kleine Lebensstiländerung. Wie bist Du zum Thema Lebensstiländerung gekommen? Du beschäftigst Dich ja intensiv mit dem Thema.

Kummer: Also die Geschichte zur Lebensstiländerung ist für mich ein Teil der Klimaveränderung. Ich beschäftige mich schon seit 35 Jahren mit dem Thema Klimawandel, doch die Problematik kann man nur durch ein weltweites Umdenken in allen Lebensbereichen schaffen. Auch jeder Einzelne kann in seinem Umfeld viel dazu beitragen – siehe Euer Lastenfahrrad – und wenn man die Kinder dabei sieht, kann man auch die Freude erkennen. Daher habe ich mich jetzt seit einem Jahr auch verstärkt auf sozialen Medien, Instagram, Facebook, Youtube, unter dem Motto „Fit for future" positioniert. In der Rubrik „Christa fragt nach" gehe ich direkt zu den Firmen und Experten und hole verschiedenste Meinungen ein. Großkonzerne und Meinungsbildner werden die großen Gestalter der Zukunft sein. Auch der soziale Aspekt in einer zukünftig veränderten Gesellschaft muss beleuchtet werden. Da habe ich viel vor. Ich möchte den Menschen zeigen, dass Lebensstiländerung nichts Negatives sein muss.

Das ist das Dilemma: Alles, was in unserem Leben mit Veränderung zu tun hat, löst in uns ein mulmiges Gefühl in der Magengrube aus. Weil wir

Wo gehobelt wird, da fallen Späne und Staub.

Gewohnheiten aufgeben müssen. Unser Leben läuft in vielen Bereichen völlig automatisiert ab. Aus dieser gewohnten Fahrspur herauszusteigen und plötzlich zu sagen: Ich geh einen neuen Weg, ich muss mir neue Verhaltensweisen aneignen – das löst bei vielen Menschen Angst aus. Und da ist jetzt der Punkt, wo ich ansetze: Lebensstiländerung kann Spaß machen, kann Freude machen und ganz im Gegenteil: Wir können aufgrund der digitalen Weiterentwicklung, die es in allen Sparten gibt, so viel Positives, Neues entdecken. Aber auch altes Wissen – Wissen unserer Vorfahren, kann gerade in der heutigen Zeit wieder etwas sehr Wertvolles sein: Entschleunigung, Leben im Einklang mit der Natur, all das ist vielerorts bereits in Vergessenheit geraten. Ich glaube, dass dieses „Muss" einer Lebensstiländerung uns in manchen Bereichen wieder zurück zu alten Denkweisen führen kann und gleichzeitig eine Bereicherung in neuen technologischen Zeiten sein kann. Neue Wege zu gehen rechnet sich nicht nur ökologisch, sondern auch ökonomisch: Als wir vor 17 Jahren im Waldviertel ein Haus gebaut haben, haben wir uns bewusst für eine Erdwärmeheizung entschieden. Die läuft heute problemlos und hat sich amortisiert. Und das Gefühl, mit der Wärme unserer Erde zu heizen, ist ein gutes.

Dass es ein System gibt, das Kälte in Wärme umwandeln kann und Wärme in Kälte, ist einfach und oft auch sehr kompliziert. Die Zukunft wird gerade am Heizungs- und Energiesektor unglaublich vieles hervorbringen, da bin ich überzeugt.

Pernkopf: Lebensstiländerung sollte Freude machen, sollte kein Verzicht sein. Das heißt, man sollte eigentlich auf zwei Prinzipien aufbauen: Vorausschauend handeln und nicht immer so kurzfristig denken. Fokussieren auf das, was längerfristig Sinn macht, und dabei auch Modelle anbieten und Förderung, um das auch finanziell zu unterstützen. Und das Zweite ist – und das ist ein wichtiger Punkt für mich: Wir müssen lernen, Dinge länger in Verwendung zu halten. Ich möchte Dir in meinem Haus auch zwei Sachen zeigen. Die Haustüre ist von meinem Elternhaus, sie stammt aus dem Jahre 1930 und ist vor zwei Jahren ausgebaut worden. Ich habe sie komplett renoviert. Das heißt, die Tür hat jetzt 90 Jahre gehalten und wird noch die nächsten 100 Jahre drinnen sein. Das ist eine sehr lange Verwendungsdauer. Ich hab' mir heuer auch einen Erdkeller gemacht, ich gehe davon aus, dass ich bspw. im Sommer die Getränke dort habe und keine Kühlung brauche.

Kummer: Ja super und für Gemüse ist das auch ganz toll.

Pernkopf: Ja Gemüse, Obst und Wein. Und was ich Dir auch noch zeigen wollte: Der steht hier. Den hat meine Frau mal von einem Bekannten zum Geburtstag geschenkt bekommen. Ein Kapsch Dramaturg TS. Das war ein ganz toller normaler Radio damals, Baujahr 1970, also über 50 Jahre alt, und der Radio funktioniert einwandfrei und hat einen sehr guten Klang. Was lange in Verwendung ist, reduziert den CO_2 Ausstoß.

Kummer: Da kann ich dir auch etwas erzählen: In unserem Haus gibt's nämlich auch Dinge, die wiederverwendet wurden. Alte Ziegel, Türgriffe, etc. Wir haben Altes und Neues kombiniert. Das Alte zu bewahren, ist auch eine Wertschätzung unseren Vorfahren gegenüber und in Wertschätzung steckt auch das Wort „Wert" drinnen. Und das würde ich gerne jungen Menschen mitgeben, diesen Wert in alten Dingen zu erkennen und bewahren. Kein modernes Möbelstück kann die Geschichten erzählen,

die eine alte Kommode erzählt. Altes und Neues ein Zuhause geben und daraus eine neue Geschichte entstehen lassen.

Viele nutzen dafür einen modernen Begriff: circular economy. Wir reden dauernd von Kreislaufwirtschaft. Dabei ist Kreislaufwirtschaft etwas ganz Traditionelles, Altes. Das hat es immer gegeben. Wir haben es nur ab den 70er / 80er Jahren vergessen. Wir sind in eine Modernität hineingeschlittert, in eine Wegwerfgesellschaft hineingezogen worden. Auf einmal gab es billige Möbelproduktionen, es ist plötzlich vieles zur Massenware verkommen und es hat nichts mehr ein individuelles Gesicht gehabt. Die Wegwerfgesellschaft wurde von uns geschaffen, Werte abgeschafft, mit den Jahren immer mehr Überfluss kreiert, bis zum heutigen Tag: Von allem zu viel ohne Wert. Genau das ist auch das Problem, selbst wenn es die Klimaproblematik in der Gegenwart nicht gäbe, könnten wir in dieser Form nicht weiterleben. Der Mensch zerstört die Natur, verdreckt die Meere, verpestet die Luft, vergiftet die Flüsse – er formt sie nach seinen Wünschen. Doch die Erde schlägt immer intensiver und für uns Menschen verheerender zurück – wahrscheinlich so lange, bis wir endlich global ins Handeln kommen – reden tun wir ja schon seit Jahrzehnten!

Pernkopf: Eine These von mir ist: Corona hat vieles auf den Kopf gestellt. Vor Corona hieß es: viel Landschaft, aber wenig Arbeitsplätze. Jetzt ist der Ländliche Raum Gewinner der Entwicklung. Was hat sich für Dich zu vor 3 Jahren geändert? Was ist der Vorteil vom Landleben nach der Pandemie?

Kummer: Also ich habe das Landleben immer schon geliebt. Ich war immer schon ein Mensch zwischen den Welten sozusagen. Ich bin ein absolutes Stadtkind, aber ich brauche auch das Land. Stadt und Land sind für mich wie Yin und Yang. Wenn ich zu lange am Land bin, habe ich irgendwann plötzlich das Bedürfnis, dass ich wieder Stadtluft schnuppern muss. Aber in den zwei Coronajahren ist mir das Privileg am Land leben zu dürfen, immer stärker bewusst geworden. Dass ich wirklich privilegiert bin, ein Zuhause am Land haben zu dürfen, das ist ein unglaublich starkes Gefühl.

Es hat mich in diesen Jahren aber auch etwas sehr traurig gemacht: Nämlich wie der Mensch mit der Umwelt umgeht. Wir Menschen haben sehr viel Mist in unserer sehr verletzbaren Natur verloren. Was mich so unendlich traurig und gleichzeitig auch wütend gemacht hat ist, mit wie wenig Wertschätzung die Menschen in die Natur gehen.

Pernkopf: Der Arbeitstitel unseres Buches könnte lauten: „Metaversum und Hobelbank". Das umfassend digitalisierte Leben und die analoge Alternative. Was denkst Du, brauchen wir mehr Augenmerk auf das künftige Paralleluniversum im virtuellen Bereich oder darauf, dass die Hobelbänke nicht vernachlässigt werden?

Kummer: Ich glaube, speziell unsere Jugend sollte wieder einmal zu einer Hobelbank gehen, vielleicht dabei das Handy weglegen, ganz bewusst, weil gerade unsere Jugend sehr intensiv in dieser digitalen Parallelwelt lebt. Wir haben vergessen, wie sich Erde anfühlt, wie sich Holz anfühlt, wir haben vergessen, wie Pflanzen und Tiere in „echt" aussehen, weil wir alles nur noch am Handy abscrollen. Nicht umsonst hat unsere Jugend schon Daumenprobleme, Fingerprobleme, Arthritis, … ja, weil alle nur mehr ins Handy schauen und die Realität vergessen. Das Metaversum wird nicht aufzuhalten sein, derzeit wird auch schon geplant Schmerz und Empfindungen in diese nicht reale Welt zu implementieren, und gerade deshalb ist es umso wichtiger, wieder die Hobelbank als Symbol zu sehen, zu greifen und zu spüren, wie sich die Realität anfühlt. Das Problem des Metaversum wird der Mensch sein.

Pernkopf: Ich habe über Weihnachten ein paar Bücher gelesen und viel nachgedacht. Was glaubst Du, wenn ein Kind in die heutige Zeit hineingeboren wird, was wird es aus Deiner Sicht erwarten?

Kummer: Die Klimaveränderung ist ein Prozess, der einfach nicht aufzuhalten ist. Wir werden das 1,5 Grad Ziel nicht erreichen. Das braucht man nicht schönreden. Ich glaube, wir können jetzt nur noch Schadensbegrenzung betreiben. Und da wären wir jetzt wieder bei der Lebensstiländerung. Es wird sich in unserem Leben in den nächsten zehn bis zwanzig Jahren vieles ändern, was wir uns vielleicht heute noch gar nicht vorstellen können, was dörfliches Leben, Wohnen, Mobilität, Konsum, Energie und vieles mehr betrifft. Es wird eine umfassende Wende geben MÜSSEN! Ein weiterer Punkt, der sehr oft thematisch umschifft wird, ist das Bevölkerungswachstum. Bald sind es 9 Milliarden Menschen auf diesem Planeten, die Bedürfnisse haben. Ob das unsere Erde noch schafft, ist eine der großen Zukunftsfragen. Gerade beim Thema Wohnen wird es spannend. Das Zauberwort der Zukunft: verdichteter Wohnraum. Das heißt, auf möglichst kleinem Raum, möglichst viele Wohnungen schaffen. Oder kehren wir vielleicht wieder zum Mehrgenerationenhaus zurück: Alt lernt von jung und umgekehrt? In den 70er/80er Jahren hat es ja die große Landflucht gegeben, die großen Bauernhöfe sind plötzlich allein dagestanden. Viel Wohnraum für wenig Leute und jetzt wird es sich irgendwann mal nicht mehr ausgehen. Auch in Österreich haben wir mittlerweile 9 Mio. Einwohner.

Die Pandemie und auch der Ukrainekrieg zeigen uns, wie wichtig Autarkie im Lebensmittel- und Energiebereich ist. Hören wir damit auf, unsere landwirtschaftlichen Nutzflächen zu verbrauchen – immerhin schaffen wir immer noch täglich 11,5 ha. Achten wir darauf, was auf unserem Teller liegt. Da wäre ich jetzt wieder beim Wert der Dinge – eben jetzt beim Wert des Essens! Es ist nicht egal was ich esse und woher es kommt. Hier wünsche ich mir noch mehr Bewusstsein.

Unsere Kinder, die in dieser schwierigen Zeit groß werden, wie Deine Kinder, die werden mit einem ganz anderen Denken in die Zukunft gehen. Die Klimaveränderung, Pandemie und Krieg in Europa zwingen uns, unsere Verhaltensweisen zu verändern. Auch die Natur zwingt uns dazu. Wir werden vom Wetter eigentlich „hergwatscht". Zu jeder Jahreszeit bekommen wir es schmerzhaft zu spüren. Und wir kapieren es immer noch nicht, dass es in vielen Bereichen bereits 5 nach 12 ist. Beim Thema Bodenversiegelung zum Beispiel, ist die Politik jetzt gefordert rasch zu handeln. Aber unsere Kinder werden ganz massiv darauf stoßen, weil wir trotz aller Warnsignale in unserem Handeln viel zu langsam sind.

Pernkopf: Letzte Frage: Wenn Du zwei große Entscheidungen hättest: Was soll bleiben, was brauchen wir in der Zukunft und was soll sich ändern?

Kummer: Ganz brutal würde ich sagen: Die Erde der Zukunft braucht uns Menschen nicht. Das klingt brutal, aber die Natur kann sich selbst regulieren. Die Leidtragenden sind wir Menschen und dennoch zerstören wir uns selbst mit sinnlosen Kriegen und unfassbarer Ausbeutung unserer „Mutter Erde". Der Mensch muss lernen, sich wieder ein zurückzunehmen und das Wesentliche erkennen. Wir sind als hochintelligente Art ziemlich sanierungsbedürftig.

Pernkopf: Was soll bleiben?

Kummer: Als Menschen müssen wir empathiefähig bleiben, wir müssen unsere Sinne für das Gute und Schöne am Menschsein wieder schärfen. Unsere Mitmenschen dürfen uns nicht egal werden. Ich wünsche mir, dass der Hass und die Machtgier der Menschen in Liebe umgewandelt wird – in grenzenlose Liebe zum Menschsein!

Holz: Zirbe
Länge: Kurzstiel

Werkstattgespräch mit Erich Erber

> „Bildung ist die einzige Möglichkeit, die einen Menschen zu einem Gamechanger machen kann, ganz egal, ob jemand Professor oder Handwerker werden möchte. Das Ausschlaggebende ist, dass die Kinder ihren Beruf frei wählen können. Bildung gibt uns die Möglichkeit, freie, eigene Entscheidungswege zu gehen."

Erich Erber ist ein österreichischer Unternehmer und kam 1953 im Pielachtal zur Welt. Aufgewachsen ist der Unternehmer bei seiner Tante, die ihn adoptiert hatte, in Wien. Im niederösterreichischen Pottenbrunn gründete Erber bereits in jungen Jahren die Erber KG. Später wurde das weltweit agierende Unternehmen als Erber AG, bekannt.

Im September 2020 verkaufte Erich Erber die Erber Group für knapp eine Milliarde Euro und gründete die SAN Group. Derzeit lebt Erber in Ras al Chaima in den Vereinten Arabischen Emiraten.

Pernkopf: Servus Erich! Ich freu mich, dass wir heute diese Premiere feiern können – unser erstes Online-Werkstattgespräch! Das ist echt super, dass uns die Technik so etwas ermöglicht, aber Du brauchst nicht zu glauben, dass Du deshalb nicht zu mir in die Werkstatt arbeiten kommen musst, das holen wir schon noch nach!

Erber: Ja, ich freue mich darauf. (lacht) Denn ich war ja sehr überrascht, dass du ausgerechnet einen Schuhlöffel mit mir anfertigen möchtest. Schuhlöffel haben hier in den Arabischen Emiraten eine besondere Bedeutung. Hier ist es unüblich, mit Schuhen ein Haus zu betreten. Ich habe gute Bekannte, die auch aus Salzburg hierhergezogen sind. Nachdem sie mich ein paar Mal eingeladen hatten und ich mich jedes Mal darüber beschwert habe, dass ich in meine Schuhe so schwer reinkomme, wenn ich wieder nach Hause gehe, haben sie nun endlich etwas zum Niedersetzen und einen Schuhlöffel gekauft. (lacht)

Pernkopf: Eine Gaudi – Erzähl mal: Wo sitzt Du denn gerade überhaupt? Bist du noch in Singapur?

Erber: Nein. Ich bin kurz nach Beginn der Pandemie aus Singapur weggegangen und habe mir jetzt hier in einer kleinen Stadt, ein paar Kilometer nordöstlich von Dubai, in Ras al Chaima, ein Haus gekauft. Das ist eine eher ländliche Gegend. Dubai ist ähnlich wie Singapur: Eine große, tolle Stadt. Für das Business musst du natürlich auch in der Stadt sein, aber hier vor Ort ist die Lebensqualität höher: weniger Lärm, weniger Verkehr und der Weg vom Haus zum Strand dauert keine drei Minuten. Jetzt sind wir bereits mitten im Thema. Nach 20 Jahren aus Singapur wegzugehen, war gar nicht so einfach und ich hoffe, dass ich hier in den Arabischen Emiraten meinen Lebensabend verbringen kann.

Pernkopf: Was genau macht Dein Unternehmen?

Erber: Wir sind mit der SAN Group heute in drei Bereichen tätig: Pflanzenmittelproduktion, Tiergesundheit und Energieproduktion. In Ras al Chaima haben wir ein Projekt, bei dem wir Energie- und Lebensmittelproduktion verbinden wollen. Wir möchten durch Photovoltaikanlagen Strom produzieren, mit dem wir das Wasser entsalzen. Im Wasser züchten wir Fische, deren Kot wir in ein Aquaponicsysteme leiten, mit dem wir Gemüse und Erdbeeren produzieren. Es gibt somit null Verlust. Ich werde niemals müde, mich mit Zukunftsprojekten wie diesen zu beschäftigen.

Pernkopf: Das hört sich sehr spannend an! Du bist ja unser Gesprächspartner in der Runde, mit dem wir vor allem die Aspekte rund um das Unternehmertum und Wirtschaften am Land diskutieren wollen. Aber ich möchte Dir vorweg gleich noch eine Frage stellen, weil ich Dich zufällig einmal getroffen habe, als Du zu Beginn der Pandemie in Österreich warst. Damals gab es noch keine Prognosen und ich habe Dich gefragt, was Du jetzt machen wirst. Deine

Antwort war klar: Jetzt bleibe ich erstmal in Österreich. Was macht denn das Gesundheitssystem Österreichs aus?

Erber: Österreich hat es geschafft, die Pandemie ruhig und sachlich zu bewältigen. Ich habe auch schon die erste SARS-Pandemie live miterlebt. Ich war damals in Singapur und habe den Flughafen dort noch nie so leer gesehen. Damals war das relativ schnell vorbei und daher dachte ich eigentlich, dass auch diese Covid-Pandemie nur ein paar Monate dauern würde. Dass das Ganze nun so lange dauert, hätte ich nie erwartet. Was Österreich auszeichnet ist, dass die Menschen einen kühlen Kopf bewahrt und sehr früh Maßnahmen gesetzt haben. China dagegen sperrt nach wie vor Städte mit sechs bis acht Millionen Einwohnern zu, weil elf Personen positiv getestet wurden.

Es war dann meine persönliche Entscheidung, nicht mehr nach Singapur zurückzugehen. Das hätte bedeutet, dass man auch vollständig immunisiert und negativ getestet für 14 Tage in ein Hotelzimmer eingesperrt wird, der Schlüssel wird einem abgenommen. Man wird wie ein Schwerverbrecher behandelt. Singapur ist für mich als Wirtschaftsstandort sehr bedeutend, aber mit dieser Covid-Paranoia konnte ich nicht leben. Österreich ist viel pragmatischer an die Sache herangegangen. Nicht alle Maßnahmen sind richtig gesetzt worden, aber hinterher ist man immer klüger.

Pernkopf: Der Buchtitel könnte lauten: Zwischen Metaversum und Hobelbank. Wir wollen also das Spannungsfeld zwischen der realen, physischen Welt und einer virtuellen, digitalen Welt thematisieren. Was ist Deine Welt? Metaversum oder Hobelbank?

Erber: Ich lebe seit fast einem Jahr in den Vereinten Arabischen Emiraten und habe noch kaum so viel e-government erlebt wie hier. Beim Einkaufen, wo dir die Rechnungen per Mail durchgeschickt werden, beim Essengehen, wenn es QR-Codes statt Speisekarten gibt oder ob beim Kauf von Immobilien. Die Erstellung von Grundbuchauszügen dauert hier genau eine Woche. Sobald du den Bescheid hast, kannst du ihn zuhause ausdrucken, die Behörde macht das nicht für dich. An diese Dinge, die man lernen muss, muss man sich auch gewöhnen. Teilweise ist die totale Digitalisierung ein Vorteil, weil man Papier spart und vieles schneller geht. Das ist wie mit einem Messer in der Küche. Es kann nützlich sein, weil du es zum Salatschneiden brauchst, gleichzeitig kannst du aber auch jemanden damit umbringen. Die neuen Technologien sind etwas, mit dem wir uns, ob wir wollen oder nicht, auseinandersetzen müssen. Wenn ich mir meinen jüngeren Sohn Richard anschaue: Der liest keine Bücher mehr – das geht alles über das Internet, vielleicht noch via e-Books. Zum Thema Metaversum: Da ist natürlich etwas daran. Es wird auch daraus resultierende Vorteile für die Zukunft geben, aber man darf es nicht überschätzen. Die Hobelbank und die Leute dahinter wird es sowieso immer geben. Das Metaversum ist für mich – wie so vieles aus dem Silicon Valley – ein aufgeblasenes Marketingprojekt.

Pernkopf: *Du hast 1983 Dein Unternehmen von Hafnerbach aus gegründet. Heute würde man das als Start-up bezeichnen?*

Erber: Ja, sicher aus heutiger Sicht. Wobei Kundenbasis und Wissen um die Produkte viel gefestigter waren, als es bei vielen Start-ups heute der Fall ist. Ich wusste ganz genau, mit welchem Produkt ich zu welchen Kunden gehen kann. 1983 wurde das Thema rund um Mykotoxine und andere Pilzkrankheiten noch sehr akademisch diskutiert. Nur sehr wenige haben sich damals damit beschäftigt. Das war unser Alleinstellungsmerkmal, weil wir spezifisches, neues Wissen hatten. Heute ist das Thema Mykotoxine in der Lieferkette nichts Neues. Eine Mitbewerberin aus der Futtermittelbranche hat mir einmal gesagt: „You created a new category." Das war wohl eines der größten Komplimente. Wir haben eine neue Kategorie geschaffen!

Pernkopf: *Du hast Deine Firma 2021 verkauft. Kannst Du uns ein paar Zahlen dazu nennen, die Dein Unternehmen beschreiben? Und weil gestern Markus Hengstschläger da war: Wie hast Du Deine Mitarbeiter ausgesucht? Wie hast Du gemerkt, ob die eine Lösungsbegabung haben oder nicht?*

Erber: Kurz zu den Zahlen: Der Verkauf der Erber AG war auch dadurch bedingt, dass meine Kinder nicht weiter in dieser Branche tätig sein wollten. Der Höchststand an Mitarbeitern, den wir damals hatten, lag bei ca. 1.500 Vollzeitäquivalenten, wobei ca. ein Drittel aller Angestellten am Standort in Österreich beschäftigt war. Im Nachhinein gesehen war das unser großer Vorteil. Wir hatten einen zentralen Forschungsstandort und konnten dort Wissen austauschen. Verkauft haben wir in ca. 132 Ländern und waren weltweit stationiert.

Bei dieser Größenordnung übernimmt man natürlich nicht alle Recruiting-Prozesse selbst. Den Mitarbeiter aus Brasilien kenne ich natürlich nicht persönlich. Das Entscheidende ist das, was Charles Handy als "Passion, People, Profit – and in that order!" beschreibt. Wenn du die richtige Leidenschaft hast (Passion), dann kommen auch die Leute (People) und dadurch entsteht Gewinn (Profit). Genau das ist der Grund, warum viele, die ich als meine eigentlichen Nachfolger anfänglich beobachtet hatte, es am Ende doch nicht wurden.

Ich hatte zum Beispiel einen in unserem Team, der aus einem konzerngesteuerten Pharmaunternehmen kam. Ich habe ein Jahr gebraucht, um zu verstehen, warum der Typ so derart heiß auf die Monats- und Quartalsberichte war. Nach einem Jahr habe ich den Grund verstanden: Es war sein Bonus. Es gibt Menschen, die nur nach Zahlen denken. Das stand auch in den 70er/80er Jahren in den Führungsratgebern: „Leading by figures". Aber das kannst du vergessen.

Nach 20 Jahren hat sich die Mitarbeiterschaft total verändert. Früher sagte man „salary" (Gehalt) sei ausschlaggebend, um gute Mitarbeiter zu bekommen. Heute reden wir von „emotional salary". Das Gehalt muss fair sein, aber wichtiger sind Anerkennung, Feedback, Mitsprachemöglichkeit. Und das Wichtigste: Das, was du machst, muss einen Sinn für andere machen. Jeden Tag, wenn du in den Spiegel schaust, musst du dich fragen: Was mache ich heute und ist das richtig, was ich da mache? Ob du einen Hunderter mehr oder weniger bekommst, ist nicht entscheidend.

Es geht um Unternehmenskultur und darum, diese vorzuleben. In Österreich haben wir 1,2 Megawatt an Photovoltaikanlagen installiert. Vor drei Jahren waren die Mitarbeiter skeptisch, weil wir alles auf Elektroautos umgestellt haben. Jetzt kommt noch unser Wasserstoffprojekt dazu, in das wir mehr und mehr investieren. Beim derzeitigen Preis von Diesel und Benzin lohnt sich das allemal. Es gibt Dinge, die muss man vordenken und irgendwann werden sie zum Standard.

Pernkopf: Du warst ursprünglich in der Futtermittelbranche unterwegs und hast das laufend mit Forschung in verschiedenen Bereichen betrieben. Ich mache mir oft Gedanken zur Zukunft von Ernährungstrends und zur Zukunft der Landwirtschaft. Für mich wird die regionale Fleischproduktion zu Unrecht verteufelt, weil sie wichtig ist für unsere ökologischen Kreisläufe. Wo wird die Reise der Bauernschaft hingehen?

Erber: Die Reise der Bauern wird stark von den gesetzlichen Rahmenbedingungen abhängig sein. In Europa haben wir eine bodengebundene Tierhaltung. Ich kann nur so viel Vieh halten, wie ich verhältnismäßig an Ackerflächen zur Verfügung habe. In Asien oder Amerika stellt ein Betrieb eine Fleischfabrik und Stallungen auf 32 ha auf, die Gülle kommt vielleicht noch in eine Biogasanlage, aber das war's dann auch. Das sind andere gesetzliche Rahmenbedingungen und das schafft eine Wettbewerbsverzerrung am freien Markt, der man kaum etwas entgegenhalten kann. Generell finde ich, dass wir in Europa den besseren Weg gehen, aber wir verkaufen ihn zu schlecht.

Das Zweite ist: Ähnlich wie bei den Tischlern, den Greisslern und vielen anderen, wird sich der Mittelstand verdünnen. Es wird kleinere Betriebe geben, die mit ihren Nischenprodukten überleben werden und es wird die großen geben, die eben deswegen groß sein können, weil sich der Mittelstand ausdünnt. Früher gab es einmal, glaube ich, ca. 120.00 schweinehaltende Betriebe in Österreich. Heute sind es nur noch knapp über 20.000. Der Strukturwandel ist voll im Gange.

Beim dritten Thema sägt die EU gerade den Ast ab, auf dem sie sitzt: Wir werden durch die extremen Umwelt- und Tierwohlauflagen in eine Situation kommen, in der wir die Selbstversorgung in den eigenen Ländern nicht mehr sichern können. Am stärksten beobachte ich diese Entwicklung gerade in Deutschland, weil wir dort auch ein Vakzinprojekt am Laufen haben. Viele Bauern werfen in der Übergabe das Handtuch, weil ihnen die Perspektive fehlt. Ihre einzige Sicherheit ist, dass alle Auflagen noch strenger werden, die Abgeltung der Mehrkosten aber nicht höher ausfällt. Bald werden die brasilianischen Hendlflügerl die einzigen sein, die man in Österreich kaufen kann. Man hat sich in den letzten Jahrzehnten viele Gedanken über das große Metathema „Foodsecurity" (Lebensmittelsicherheit) gemacht. Wir müssen jetzt darüber sprechen, ob wir in Zukunft überhaupt noch genug zu essen bekommen, wenn wir Revolten in vielen Ländern vermeiden wollen, wie 2008/2010 in Mexiko, als der Maispreis auf das Dreifache gestiegen ist.

Pernkopf: Wo steht Europa beim Thema Offenheit für Forschung und grüne Gentechnik?

Erber: Europa hat sich aus meiner Sicht vollständig von jeglichen Fortschritten in diesen Technologien verabschiedet. Die Anwendung von CRISPR/Cas (umgangssprachlich Genschere) ist in Europa verboten, weil es als GMO (genetically modified organism) deklariert wurde. Für mich ist es ein großer Widerspruch, Atomenergie als grün zu deklarieren, um CO_2 zu sparen und auf der anderen Seite eine Technologie zu verbieten, die nicht mehr macht, als einen Abschnitt aus einem Gen herauszuschneiden, der eigentlich gar nicht reingehört.

Wenn wir in Europa diesen Weg gehen wollen, hören wir irgendwann auf, uns weiterzuentwickeln. Ein Forscher, der mit CRISPR forschen möchte, findet in Europa keinen Job. Darum gehen die wirklich guten Leute nach Asien oder in die USA. Noch ist Europa weltweit DER Wirtschaftsstandort. Aber man hört immer auf die fünf Prozent, die laut schreien und ignoriert die anderen 95 Prozent.

Europa hat sicher im Umweltschutz und in der grünen Technologie eine Vorreiterrolle. Aber bei der grünen Gentechnik müssen wir die Diskussion versachlichen und weniger emotional führen.

Pernkopf: Du hast viele Themen angesprochen. Ich schreibe in meinem Buch auch davon, dass der Ländliche Raum zum Zukunftsraum wird. Jetzt kommt auch noch die Ukrainekrise dazu, die zeigt, dass es wichtig ist, eine stabile

Wohn-, Arbeits- und Lebensumgebung zu schaffen. Was ist Dein Rezept, damit wir uns krisensicher aufstellen?

Erber: Ich bin deshalb in Ras al Chaima und nicht in Dubai, weil ich davon überzeugt bin, dass die Lebensqualität hier eine viel höhere ist. Es ist hier wie am Land. Zwar nicht wie am Land in Österreich, denn hier in Ras al Chaima leben 400.000 Menschen, aber es ist weniger los als in Dubai Stadt. Man kennt sein Grätzel und die persönlichen Dinge, die das Leben ausmachen. All das ist uns während der Pandemie wichtiger geworden.

Mittelgroße Gemeinden, in denen es Trachtenvereine, Eisschützen und dergleichen gibt, haben soziale Vorteile und vermitteln den Menschen das Gefühl einer überschaubaren Einheit.

Pernkopf: *Kann es sein, dass das Dorf dort ist, wo man sich kennt und grüßt?*

Erber: Ja, so kann man das zusammenfassen. Früher hat man gesagt: In die Kirche geht man ja nicht wegen der Kirche, sondern weil danach alle beisammenstehen und sich austauschen. Sich auszutauschen ist ein menschliches Bedürfnis.

Wenn ich in Altaussee auf Urlaub bin, habe ich das Gefühl, mit dem Grüßen gar nicht fertig zu werden. Das kann manchmal zwar mühsam sein, aber das ist mir hundertmal lieber, als wenn ich irgendwo am Rand von Wien auf einen Berg gehe und man mir dort jemand den Vogel zeigt, weil ich grüße.

Pernkopf: *Was Du gerade angesprochen hast, bezeichne ich als „Dableibensvorsorge". Man bleibt da, wenn man von der Kinderbetreuung bis zur Arbeitswelt alles im Ländlichen Raum findet. Ein wichtiges Thema dabei ist Bildung, Wissen und Kultur. Ich weiß von Dir, dass Du selbst Schulen und Bildungsinstitutionen mitbegründet hast. Warum ist es wichtig, Bildung auch dezentral zu verorten?*

Erber: Ohne meine Ausbildung an der HBLFA Francisco Josephinum in Wieselburg und die Möglichkeiten, die mir die Schule geboten hat, wäre ich nie zu dem geworden, was ich heute bin. Mein Weg wäre vorgezeichnet gewesen, ich hätte vermutlich einen Beruf erlernt und sicher nichts anderes gewollt, weil ich es mir nicht frei aussuchen hätte können. Deshalb konnte ich mich ein Leben lang dafür begeistern, diese Wertschätzung für Bildung weiterzugeben. Meine erste Schule habe ich in Krems gegründet, weil mir der Gedanke gefiel, dass die Kinder dort bilingual unterrichtet werden und weil ich nicht einfach nur der „Zahler" sein wollte, sondern sich das Projekt schon auch zu einem großen Teil selbst refinanzieren sollte. Mit 60–70 Kindern ist die Schule gut ausgelastet und ein sehr erfolgreiches Projekt.

Bei einem Besuch eines Waisenhauses in Thailand habe ich verstanden, dass es zwei Möglichkeiten gibt, wie man Charity betreiben kann: Entweder man streut über alle ein wenig drüber und gibt von jedem ein kleines Stück einer Schokoladentafel, oder man nimmt einen kleinen Teil der Hilfsbedürftigen und gibt jedem von ihnen eine ganze Schokoladentafel.

Ich halte Zweiteres für die bessere Lösung. Deshalb haben wir 16 Kinder aus dem Waisenhaus herausgenommen und ermöglichen ihnen den Besuch eines durchgängigen Schulsystems bis zum 18. Lebensjahr. Alle machen den Abschluss und können danach aussuchen, ob sie an der Uni studieren oder in eine Lehre gehen wollen.

Sie haben die Möglichkeit mit 18 Jahren frei zu entscheiden, was sie aus ihrem Leben machen wollen. Bildung ist die einzige Möglichkeit, die einen Menschen zum Gamechanger machen kann, egal ob jemand Professor oder Handwerker werden möchte. Das Ausschlaggebende ist, dass die Kinder frei wählen können. Bildung gibt uns die Möglichkeit, freie und eigene Entscheidungswege zu gehen.

Pernkopf: Das ist eine tolle Perspektive, das hat so noch keiner gesagt. Was hat sich für Dich an der Wertigkeit des Landlebens im Vergleich zu vor Corona verändert?

Erber: Corona hat uns gelehrt, bescheidener zu werden. Bescheidener im Sinne von „es geht auch anders". Früher sind Leute am Samstagnachmittag schnell nach London auf einen Kaffee geflogen, weil es billig war und man es machen konnte. Niemand von denen hat jemals nach dem Sinn von solchen Aktionen gefragt. Die Leute nehmen auch wieder eine andere

Wertehaltung ein und achten nun mehr auf das familiäre und soziale Umfeld. Das beste Beispiel dafür sind die Bilder aus den Baumärkten, die man am Tag nach den ersten Lockdowns zu sehen bekommen hat. Warum standen dort Tausende von Menschen? Weil jeder zehn Wochen zuhause gesessen ist und gesehen hat, was alles erneuert werden müsste. Die Pandemie hat uns zu einem meditativen Zwischenschritt angehalten und uns ein wenig zur Rückbesinnung gebracht. Das war gut so.

Pernkopf: Jetzt in der Ukrainekrise wird deutlich, wie wichtig eine regionale Versorgung mit Lebensmitteln auch auf nationaler Ebene ist. Wie siehst Du das Thema Vorratshaltung in Europa?

Erber: Bei den Lieferketten hat sich einiges getan. Mercedes beispielsweise produziert nicht einmal 18 Prozent seiner Teile selbst, der Rest wird zugekauft. Ein Bekannter von mir hat PCR-Tests aus China gekauft, ihre Lieferung hat mehr gekostet als das Produkt selbst. Nun können wir das Produkt in Deutschland produzieren und sparen bei den Lieferketten. Die Marktkräfte sind brutal. Deshalb bin ich persönlich auf der liberalistischen Seite. In Thailand haben sie beispielsweise Futtermittelpreise staatlich geregelt. Was ist danach passiert? Das Futter wurde qualitativ schlechter. Xi Jinping, der Präsident von China, ist ebenfalls ein Zentralist. Deshalb sperrt er auch bei elf positiven Coronafällen eine Stadt mit acht Millionen Menschen ein – weil er denkt, er könne so alles kontrollieren. Zentralistische Wertehaltungen bewirken also oftmals große Nachteile. Selbiges passiert beispielsweise auch bei der Energiewende. Warum fördern wir ein Wasserstoffauto, wenn es mit grauem Wasserstoff fährt, also der Wasserstoff mit Hilfe von Kohle produziert wird? Warum unterstützen wir die Produktion von grünem Wasserstoff nicht?

Pernkopf: Was hältst Du von „New Work"? Junge Arbeitnehmer legen immer mehr Wert auf ihre Work-Life-Balance. Hast Du in Deinen Firmen Mitarbeiter, die einfach Dienst nach Vorschrift machen?

Erber: Man hat in jeder Firma immer Leute, die man einfach nicht bewegen kann und Leute, die spitze sind. Die Frage ist: Von welchen Leuten habe ich wie viele?

Wir haben beispielsweise in meiner neuen Firma, bei der SAN Group, beim Bau des Firmengebäudes auch einen Fitnessraum installiert. Wir als Firma stellen den Raum zur Verfügung, aber nur 10–15 Prozent nutzen das Angebot. Das ist für mich aber nicht enttäuschend. Ich freue mich, dass ich für diese 10–15 Prozent ein tolles Angebot schaffen konnte.

Pernkopf: Jetzt hast Du in sehr jungen Jahren schon Dein erstes Unternehmen gegründet. Manche sprechen heute von der "Lost Generation". Ich sehe das nicht so und finde, es ist auch die Aufgabe unserer Generation, dass wir bei den Jungen eine Leidenschaft für etwas entfachen und sie nicht nur gegen etwas bewegen. Was kannst Du den jungen Menschen als Erfolgsrezept mitgeben, damit auch sie ihre „Passion" finden und ihr Lebenswerk verwirklichen können?

Erber: Dieses „Passion, People, Profit", das habe ich immer gespürt. Meine Karriere begann damit, dass ich der Einzige war, der sich um das Mykotoxinthema gekümmert hat. Hätte ich damals gesagt: „Da wird sich schon jemand anders darum kümmern", wäre ich sicher nicht da, wo ich heute bin.

Einstein hat einmal gesagt: „Nur wenn ich tot bin, werde ich aufhören neugierig zu sein." Das war eines meiner Lebensmottos. Immer neugierig zu sein, offen, wissbegierig und die Leidenschaft lebend. Wenn man die Entscheidung getroffen hat, in welche Richtung man gehen möchte, gibt es immer Widerstände. Dann muss man auch ein wenig stur bleiben und sagen „Ich ziehe das durch". Und genauso muss man sich eingestehen, wenn man aufhören muss, weil man in die falsche Richtung läuft. Du brauchst diese positive Grundeinstellung, das bäuerliche, gesamtheitliche Denken und das Dranbleiben. Mit 18 Jahren hätte ich auch nicht gewusst, was ich werden möchte. Für mich war auch nie Geld das Wichtigste. Ich wollte immer, dass meine Kunden zufrieden sind und das ist auch das, was ich heute unseren Verkäuferinnen und Verkäufern weitergebe.

Werkstattgespräch mit Julia Lacherstorfer

„Frauen sind stille Heldinnen. Und sie werden erst dann zu sichtbaren Heldinnen, wenn wir strukturell dafür sorgen, dass sie für ihre bislang unbezahlte und als selbstverständlich erachtete Care-Arbeit angemessen entlohnt werden."

Julia Lacherstorfer ist Musikerin und Intendantin des wellenklaenge Festivals in Lunz am See. Sie stammt ursprünglich aus Bad Hall und lebt heute mit ihrem Mann in Wien. Mit ihren Musikprojekten ALMA, Ramsch & Rosen oder mit ihrem Projekt SPINNERIN [a female narrative] ist sie einem breiteren Musik-Publikum in Österreich und Deutschland bekannt.
Als Komponistin lotet Lacherstorfer die Grenzen zwischen Vertrautem und Unerwartetem aus. Der Stoff für ihre Projekte stammt zum einen aus der Reflexion über gesellschaftspolitische Themen mit denen sie sich kritisch auseinandersetzt, zum anderen aus ihrem breiten Fundus an musikalischen Einflüssen, die von traditioneller Volksmusik bis hin zu zeitgenössischer Musik reichen.

Pernkopf: Ich habe mich in Dein neues Solo-Album eingelesen und eingehört. Ein Lied hat mich ganz besonders beeindruckt – das Lied „Bitte bitte, Herr Hauptmann".
Die Stimmung im Lied und die Geschichte haben mich berührt, weil ich vor ein paar Jahren mit meiner 96-jährigen Steffi Tante auch ein langes Gespräch über den Krieg und das Leben damals geführt habe. Diese Frau habe ich bewundert – das war so, wie du es auch in diesem Lied beschreibst, Frauen waren trotz allem immer stark und haben in ihrer Verzweiflung all ihren Mut zusammengenommen.
Lacherstorfer: (nickt) Ja, es scheint so.

Pernkopf: Eines der besten Bücher, das ich jemals gelesen habe, war das von Roland Girtler – Sommergetreide. Das ist so wie ich Landwirtschaft und Tradition erlebt habe.

Du hast Dich Dein ganzes Leben mit Tradition auseinandergesetzt. Den Begriff Tradition vor allem auch über die Musik definiert. Der Begriff hat oft einen gewissen „rückständigen Touch" – so einen verzopften Beigeschmack. Aber was bedeutet für dich Tradition?

Lacherstorfer: Tradition bedeutet für mich vorerst einmal ein sehr sensibles Hinschauen. Es gibt Bereiche, wo es total wichtig und sinnvoll ist, Wissen zu tradieren und weiterzugeben. Das gilt für alles, was Handwerk betrifft, oder altes Heilwissen, oder was musikalische Quellen betrifft. Gleichzeitig bin ich immer sehr vorsichtig, weil es unter dem Deckmantel „Tradition" zu einer rigiden und verengten Sichtweise kommen kann. Dann kann es passieren, dass man neue Strömungen von vorne herein ablehnt oder dadurch Menschen ausgegrenzt, weil sie eben nicht in dieses traditionelle Schema passen. Da werde ich dann sehr hellhörig und da verstehe ich mich durchaus als jemand, der sehr kritisch hinterfragt und aufbrechen will.

Pernkopf: In deiner Musik kombinierst Du Alt und Neu. Und das macht für mich den besonderen Reiz an deiner künstlerischen Arbeit aus. Wie ist Dein persönlicher Zugang, um das Alte und Neue zu kombinieren?

Lacherstorfer: Das hat sich stark verändert in den letzten 20 Jahren, seit dem ich das verstärkt und dann auch beruflich gemacht habe. Ganz früher war mein Interesse und meine Herangehensweise eine ganz andere. Da habe ich mir Stücke ausgesucht, die mir gefallen haben, und mir dann überlegt, wie ich sie anders interpretieren kann, damit sich das gut anhört, damit das irgendwie heute noch wen interessiert. Mittlerweile geht es mir viel mehr auch um eine inhaltliche und politische Ebene in dem, was ich künstlerisch mache. Mir ist es ein Anliegen, auf gesellschaftspolitische und relevante Themen Bezug zu nehmen und das in meiner Musik zu verarbeiten. Mir ist wichtig, diesen Begriff und das Genre der österreichischen Volksmusik weiterzuentwickeln, so wie sich unser Zusammenleben

auch weiterentwickelt. Ein Viertel der Österreicherinnen und Österreicher hat Migrationshintergrund und ich finde, dass sich dieses Faktum im kulturellen Ausdruck unseres Landes widerspiegeln sollte. Auch Tradition ist über einen langen Zeitraum fluide. Ich finde, das muss man auch mitnehmen, quasi tradieren in die heutige Zeit.

Pernkopf: Ich denke aktuell sehr viel darüber nach, dass wir für unser Leben Heimat und Horizont brauchen. Also unsere Dörfer brauchen Heimatverbundenheit und Weltoffenheit. Glaubst Du, dass das ein allgemeines Rezept für die Zukunft sein kann – Alt und Neu, Flügel und Wurzeln?

Lacherstorfer: Ich glaube, es kann generell ein Rezept sein, auf all das Bezug zu nehmen, was rund um einen passiert. Dazu gehört, sich mit der älteren Generation zu beschäftigen und zu versuchen, das an Jüngere weiterzugeben. Das heißt aber auch zu schauen, wie geht's eigentlich Menschen, die nicht weiß geboren sind, die nicht heterosexuell oder binär geboren sind, die einfach ganz andere Lebensumstände haben, obwohl sie in demselben Land oder demselben Dorf leben. Die haben eine ganz andere

Lebensrealität. Wir müssen da wachsam bleiben und uns auch verletzlich machen für die Lebensumstände anderer Menschen.

Pernkopf: In deiner Musik geht es ja auch viel um Wurzeln. Wie können wir in unseren Dörfern diese Wurzeln festigen und verstärkt mitgeben? Volksmusik ist ja grundsätzlich traditionell – du gibst ja auch noch immer Volksmusikkurse – aber wie schaffen wir es, dieses Traditionelle allgemein weiterzugeben? Also das ursprüngliche Volkslied hat ja auch seinen Wert – gibt es dafür noch Interesse?

Lacherstorfer: Ja absolut. Das gibt es nach wie vor und ich glaube, vor allem im urbanen Raum ist diese Sehnsucht groß. Es gibt einen wahnsinnigen Jodelboom in den letzten 10–15 Jahren – es gibt so viele Jodelkurse und viele Menschen, die das lernen wollen. Die Leute haben eine Sehnsucht, sich zu verbinden mit anderen Menschen – mit der Natur, am Ende auch mit sich selber. Oder wie man auch in kleineren Orten zur Rückbesinnung und Verwurzelung beitragen kann ist, wenn man sich wieder erinnert, wie man eigentlich früher Feste gefeiert hat

Pernkopf: Was ist ein Fest in Bad Hall?

Lacherstorfer: Ich kann da eher nicht von Bad Hall sprechen, weil meine Volksmusiksozialisierung eher in Niederösterreich auf den Volksmusikwochen stattgefunden hat. Oft hängt es an einzelnen Personen oder Institutionen, wenn es um die lebendige Weitergabe von Traditionen geht. Zum Beispiel gibt es da in der Steiermark die Familie Härtel, beziehungsweise die Citoller Tanzgeiger.

Das ist eine Gruppe, die von Anfang an ihre Selbstdefinition darin gefunden hat, dass sie für Leute zum Tanzen aufspielt. Die haben auch bei unserer Hochzeit gespielt. Was die machen, ist eine eigene Kunst. Sie spielen unverstärkt und wissen auch einfach ganz genau, welche Stückln sie nacheinander spielen müssen, damit die Menge tobt. Und das ist jetzt nicht laut, das tut nicht weh in den Ohren, das spricht etwas ganz Archaisches, längst Vergessenes an. Da schlägt das Herz automatisch höher!

Pernkopf: *Ist das Lebenslust/ Lebensfreude? Oder was ist das?*

Lacherstorfer: Absolut. Lebensfreude gepaart mit Euphorie. Das sind so Momente, wo man sich wirklich vergessen kann. Und da braucht man auch keinen großartigen Tanzkurs vorher absolviert zu haben. Entweder es zeigt einem kurz vorher jemand die Schritte oder man improvisiert selbst. Das ist auch was ganz was anderes als ein stilisiertes Volkstanzfest, wo man wirklich mit der Tracht kommt und irgendwelche Schritte macht. Das meine ich damit nicht.

Pernkopf: *Also eigentlich vom Herzen heraus.*

Lacherstorfer: Ja. Oder, was ich als Kind auch geliebt habe: So Frühschoppen – mit Blasmusik, Hendel und Bier. Ja, das könnte man ja auch mal updaten. Es muss ja nicht Fleisch und Bier sein, es geht vielmehr um das ausgelassene Zusammensein im Freien bei guter Musik.

Pernkopf: *Haben wir da stimmungsmäßig ein wenig die Leichtigkeit verloren? Weil alle immer nur vor dem Fernseher sitzen oder so – mir geht es ja auch so. Ich kann abschalten, wenn ich beim Tischlern bin oder auf einer Musikprobe. Beim Jägern nicht so – da schau ich dauernd aufs Handy. Ich habe darüber nachgedacht warum: Ich weiß, beim Tischlern und Musizieren bin ich sofort in einer anderen Welt, da muss ich mich auf die anderen konzentrieren und das ist gut so. Für mich hat Musik ein bisschen eine Schmelztiegelfunktion, wo man Grenzen überwindet – ob das berufliche, oder standesgemäße sind, so wie du das gesagt hast, mit Freunden aus anderen Ländern.*

Lacherstorfer: Wir haben das speziell bei einem Experiment mit meiner Band ALMA gesehen. In den letzten 10 Jahren haben wir irrsinnig viele Konzerte gespielt, wir haben uns aber eigentlich bei Volksmusikstammtischen oder Kursen kennengelernt. Also beim spontanen Musizieren. Und deshalb haben wir uns bei unserem jetzigen Programm ganz bewusst dazu entschieden: Wir spielen zuerst komponierte Musik von uns, und in der zweiten Hälfte kommt dann ein Stammtisch auf die Bühne und es geht um das spontane Zusammenmusizieren – 40 Minuten Volksmusik. Einfach, weil wir gemerkt haben, dass wir damit auch in eine ganz andere Stimmung kommen. Beides ist uns voll wichtig. Aber auch so dieses

Losgelöste – wo es nicht um Perfektion geht – wo man auch immer wieder spontan sagen kann: Heute spielen wir mal das Stückl und das haben wir auch schon lang nicht mehr gespielt. Das bringt Spontanität und schon auch Leichtigkeit zurück.

Pernkopf: *Du hast ja auch ein Soloalbum geschrieben: „Spinnerin". Da verarbeitest Du die Lebensgeschichten von Bäuerinnen. Deshalb meine Frage: Wie siehst Du die Rolle der Frauen am Land?*

Lacherstorfer: Mir ist es bei dem Projekt in erster Linie darum gegangen, dass ich vor ein paar Jahren plötzlich bemerkt habe, dass die Lieder, die ich von meinem Opa gelernt bekommen habe, in erster Linie Geschichten von Männern erzählen. Und dass mir das ewig nicht aufgefallen ist, dass ich andauernd Lieder singe, die mit meiner Lebensrealität nichts zu tun haben. Und dass man sehr lange suchen muss, bis man Lieder findet, wo praktisch ein weibliches Narrativ erzählt wird. Das war der Ausgangspunkt für das Projekt.

In einem Buch habe ich dann die Lebensgeschichten von 12 Bäuerinnen aus Niederösterreich gelesen, das war so etwas wie eine Initialzündung für mich. Bei jeder einzelnen Geschichte habe ich das Gefühl gehabt: Das könnte meine Oma geschrieben haben. Und dann habe ich das Lied „Irgendwann" dazu gemacht. Danach haben mir so viele Leute geschrieben, dass sie sich an ihre eigene Mutter oder Großmutter erinnert fühlen durch das Lied. Und das hat mich sehr berührt, dass wir durch so eine Erinnerung verbunden sind. Und dass diese Kriegs- und Nachkriegszeit einen ganz bestimmten Typus von Frau geprägt zu haben scheint.

Pernkopf: *Und finanziell war die Lage immer prekär ...*

Lacherstorfer: Ja und auch die ganze Grundversorgung. Dass es zum Beispiel einmal im Jahr Fleisch gegeben hat – also ein Stück Geselchtes zu Weihnachten. Und trotzdem merkt man aber nie eine Verbittertheit, sondern eine wahnsinnige Demut und Dankbarkeit für das Leben an sich. Und ich will das gar nicht idealisieren, dass Frauen demütig und dankbar sein müssen. Aber für mich persönlich: Worüber man sich manchmal

aufregen kann? Auf welchem Niveau man unzufrieden sein kann? Das ist absurd, wenn man das vergleicht mit dem Leben zwei Generationen vor uns. Aber auch wenn man sich vor Augen hält, in wie vielen Ländern der Welt immer noch Krieg und Armut herrschen.

Pernkopf: *Da hast Du recht, das ist absurd. Die Frauen sind eigentlich im ländlichen Leben ein zentraler Pfeiler und trotzdem hat man ihnen nie genügend Respekt und Aufmerksamkeit geschenkt – Du sagst, das sieht man ja auch an den Volksliedern. Die Frage von Zu- und Abwanderung hängt ja im Ländlichen Raum ja auch oft an Frauen. Was denkst Du kann man tun, um das Landleben für Frauen zu attraktivieren?*

Lacherstorfer: Ich fühle mich nicht so sehr als Expertin für den Ländlichen Raum, aber etwas, was mir dazu einfällt, ist die Situation der Kinderbetreuung. Also aus meiner Sicht ist es nicht nachvollziehbar, warum man in Niederösterreich ein Kind oft erst mit 2 ½ Jahren in einem öffentlichen Kindergarten betreuen lassen darf, in Wien aber schon. Leute in meinem Alter und meiner Generation wollen gleichberechtigte Beziehungen führen.

Dazu gehört auch, dass es ein breites und flexibles Angebot an öffentlicher Kinderbetreuung gibt und einem nicht indirekt vorgeschrieben wird, wie lange man „Zuhause" bleiben muss. Das passiert nämlich oft automatisch, weil es nach wie vor einen großen Unterschied in der Bezahlung von Männern und Frauen gibt.

Das führt dazu, dass manche Paare es sich schlicht nicht leisten können, dass der Mann 1 ½ Jahre zuhause bleibt, weil er oft der besser Verdienende ist. Wenn man also sein Kind erst nach 2 ½ Jahren in eine öffentliche Kinderbetreuung geben kann, weil man sich eine private Betreuung nicht leisten kann, führt das für Frauen unweigerlich dazu, dass sie 2 ½ Jahre „weg" vom beruflichen Fenster sind und sie weniger befördert werden. Für sie bedeutet das dann Karriereeinbußen, weniger Pension und ein höheres Risiko für Altersarmut. Wenn man sich Gleichberechtigung also nicht leisten kann, dann ist das aus meiner Sicht eine Bevormundung und auch altmodisch.

Manche wollen das Rollenbild „Die Frau bleibt zuhause" eben nicht erfüllen. Aber viele Unternehmen ermöglichen es auch gar nicht, dass Männer Väterkarenz in Anspruch nehmen. Ich höre von vielen Fällen, wo Unternehmen Druck ausüben, wenn Väter sich mehr als einen lächerlichen Monat Zeit für das Kind nehmen wollen. Aus meiner Sicht braucht es auch eine gesetzliche Verankerung von Väterkarenz.

Unternehmen müssen das nicht nur erlauben, sondern die Ausnahme zum Regelfall machen. Statt von einem Papamonat zu sprechen, sollte man es verpflichtend machen.

Pernkopf: Dieses Zitat ist von Dir: Es wird Zeit, dass sich neben Großvater von STS auch ein Lied über die Großmutter in den Köpfen der Menschen einprägt. Dem kann ich nur zustimmen.

Lacherstorfer: Das ist mir auch aufgefallen, dass ich immer vom Opa erzähle …

Ich hab als Kind oft mit meiner Schwester und meinem Opa Musik gemacht – aber das ging eben nur, weil die Oma sich um das Essen und den Haushalt gekümmert hat.

Pernkopf: Du hast dich bei Deinem neuesten Projekt mit den Bäuerinnen beschäftigt, die im frühen 20. Jahrhundert geboren wurden. Was denkst Du, werden Bäuerinnen erzählen, die heute tätig sind? Auch in Deinem Wunschszenario?

Lacherstorfer: Ich bin natürlich auch keine Expertin im Bereich Agrarwirtschaft, aber ich denke, dass Kinderbetreuung ebenso ein Thema sein wird.

Wenn ich zum Beispiel an Heidi Lengauer denke, eine junge Bäuerin aus Lunz am See, bei der ich einige Jahre mit meiner Schallwellen-Musikwerkstatt zu Gast war, dann merke ich schon immer wieder, wie sehr ich bewundere, was sie unter einen Hut bringen muss – von Stallarbeit bis Zäune flicken, 30 Pferde versorgen, Kälber auf die Welt bringen, Kinder versorgen, Kochen und Haushalt sowieso, Hofübernahme, und dann noch eine komplette Sanierung der Wohn- und Wirtschaftsgebäude. Schon beeindruckend!

Pernkopf: Von „Spinnerin" ausgehend: Kommen die Frauen vom Schatten-dasein in das sonnige Dasein? Also werden Deine stillen Heldinnen – die Du ja auch vertont hast – langsam zu sichtbaren Heldinnen? Wie kommen wir dorthin?

Lacherstorfer: Ich glaube, dass die stillen Heldinnen erst dann zu den sichtbaren Heldinnen werden können, wenn wir gesellschaftlich und strukturell anerkennen, dass Frauen permanent unbezahlte Care-Arbeit leisten. Und solange das jeder als selbstverständlich voraussetzt, wird das Schattendasein von Frauen existieren. Wir müssen Frauen dafür entlohnen, wenn sie sich dafür entschieden haben, sich um die Kinder zu kümmern und vielleicht später auch noch die Eltern pflegen. Es kann nicht einfach vorausgesetzt werden, dass Frauen auf ihre Berufsausübung und Karrierechancen verzichten, weil einfach davon ausgegangen wird, dass die Care-Arbeit für Kinder und pflegebedürftige Angehörige von ihnen verrichtet wird.

Pflege ist ein eigenes Berufsfeld, und leider generell ein sehr schlecht bezahltes. Wenn sich jemand dazu entschließt, diese Aufgabe der Pflege für wen auch immer zu übernehmen, dann muss das angemessen entlohnt werden.

Über einen Vater, der zwei Wochen auf Geschäftsreise geht, zerbrechen sich die wenigsten Menschen den Kopf. Wenn meine Band-Kolleginnen nach der Geburt ihrer Kinder wieder auf der Bühne stehen, wird sofort gefragt: „Und wie machst du das mit dem Kind?" Und ich will gar nicht wissen, was man sich anhören muss, wenn man zwei Wochen auf Tour geht als Frau, wenn man ein kleines Kind hat – ziemlich wahrscheinlich erntet man eher wenig Anerkennung, was ich einfach nicht fair finde, denn es ist ein Knochenjob, beides gut zu machen – Elternsein und seinen Beruf. Nur wird von Frauen viel mehr erwartet, als von Vätern. Wenn man es überspitzt formulieren möchte: Die kriegen schon Lob und Anerkennung, wenn sie den Kinderwagen schieben.

Pernkopf: *Der Arbeitstitel unseres Buches könnte lauten: Metaversum oder Hobelbank. Ich sehe die Entwicklungen zum Thema Metaversum persönlich*

sehr kritisch. Wie stehst Du dazu, würdest Du gerne ein Livekonzert im Meta-
versum, also in einer virtuellen Welt geben?

Lacherstorfer: Mit der Entwicklung eines Metaversums habe ich mich noch nicht hinreichend beschäftigt, aber ein digitales Format kann nie ein analoges Live-Erlebnis ersetzen, soviel kann ich sagen. Vieles ist gut an sozialen Medien, aber man muss sehr sorgsam mit ihnen umgehen, und mit sich selbst.

Also das eine ist die Verifizierbarkeit und Überprüfbarkeit von Medienberichterstattung in sozialen Medien. Da wissen wir, dass das zu Problemen führt, weil jeder irgendetwas behaupten kann, ohne den Wahrheitsbeweis dafür antreten zu müssen. Das Zweite ist das Phänomen des Shitstorms, das hat sich ja durch Social media entwickelt. Also du sagst etwas Unachtsames und in kürzester Zeit stürzen sich die Menschen auf dich wie eine Meute und zerfleischen dich. Das betrifft meistens Personen, die in der Öffentlichkeit stehen. Ich bin absolut dafür, dass man behutsam ist mit dem, was man sagt – vor allem wenn man eine öffentliche Person ist. Aber man merkt, dass in den sozialen Medien in einer Aggression geschrieben wird, das geht bis hin zu Morddrohungen. Das würde man ja jemanden nicht einfach so ins Gesicht sagen. Man vergisst dann manchmal, wenn man sich in diesem Medium bewegt, dass das reale Menschen sind, die jede dieser hasserfüllten Nachrichten lesen und verdauen müssen. Emotionalität und Empathie lassen sich in einer virtuellen Welt nur schwer abbilden und das ist gefährlich.

Pernkopf: Ich habe das auch so erlebt wie Du ... Aber warum ist das eigentlich so?

Lacherstorfer: Ich glaube, weil es einfach zu einfach ist. Es passiert total demokratisch. Jeder, der sich bei einem sozialen Medium anmeldet, kann alles von sich geben und niemand achtet darauf, dass gewisse Standards eingehalten werden. Hass im Netz ist eine so neue Entwicklung, dass wir noch gar nicht abschätzen können, was das mit uns macht. Anlaufstellen für Betroffene gibt es, aber nur in geringem Ausmaß. Und für Jugendliche ist das schnell gefährlich. Sie gestalten sich ihren Feed dann oft so, dass sie Menschen folgen, die nur schön und erfolgreich sind und vergleichen sich dann dauernd selbst und wollen auch so ausschauen. Das kann einen irrsinnigen Druck auslösen und zu Depressionen führen.

Pernkopf: Das bringt es auch auf den Punkt, was du sagst: Es gibt keine Hemmschwelle und es bräuchte aber bei gewissen Dingen eine emotionale Abkühlphase.

Lacherstorfer: Und oft, wenn man sich so ewig lange Kommentare in Foren durchliest, hat man das Gefühl, die Leute kotzen sich dort aus. Das ist unsagbar. Und letzten Endes ist das ein Ventil, um Aggression loszuwerden.

Pernkopf: Aber Julia, jetzt hast du mir eine völlig neue Sichtweise eröffnet. Was ist das dann eigentlich? Also wir zwei haben unsere Liebsten, Arbeit, Freizeit im Leben, Musik. Aber was ist das dann eigentlich, wenn die alle stundenlang vor diesem Kastl sitzen?

Lacherstorfer: Wie gesagt, es gibt viele tolle Aspekte bei der Nutzung von social media!

Vor allem wenn es darum geht, auf eine niederschwellige Art und Weise auf Projekte oder Konzerttermine aufmerksam zu machen. Wir haben heute die Möglichkeit, einer Vielzahl an Interessierten Informationen zukommen zu lassen – das ist super! Marketing ist um vieles einfacher geworden, ich kann mir gar nicht mehr vorstellen, wie es ohne war. Ein weiterer Aspekt ist, dass ich Menschen folgen kann, die ich interessant finde! Ich kann mir meinen News-Feed so gestalten und kuratieren, wie ich es möchte:

Ich kann People of Color folgen, von denen ich auf rassistische Denkweisen aufmerksam gemacht werde. Ich kann Menschen folgen, die sich fürs Klima einsetzen, Schauspielerinnen und Schauspieler oder Autorinnen und Autoren, die ich bewundere und die mich inspirieren. Oder ich kann endlich meine gesamte Kleidung auf nachhaltige Produktionen und Labels umstellen, weil ich ganz gezielt danach suche und Angebote finde.

Kurzum: Es ist ein wunderbares Tool für Aktivismus. Aber, das hat natürlich auch Schattenseiten. Menschen werden angefeindet, digitale Welten sind verzerrt und geschönt, es gibt zu wenig Reglementierungen was Hass im Netz betrifft und die Umgangsformen lassen oft zu wünschen übrig. Viele dieser sozialen Netzwerke oder Apps sind so designt, dass sie uns süchtig machen, süchtig nach Likes.

Man kann diese Möglichkeiten also konstruktiv oder destruktiv nutzen, und das müssen wir erst lernen.

Pernkopf: Was ist für dich Stadt und Land?

Lacherstorfer: Mir bietet beides Möglichkeiten, auf die ich nicht verzichten möchte. Wir haben uns dafür entschieden, in der Stadt zu bleiben. Eine Bedingung war ein Lebensumfeld, dass sich ein bisschen ländlich anfühlt. Und das haben wir zum Glück gefunden. Ich hätte es niemals in einer Wohnung ausgehalten. Mir ist ein Garten wichtig, mir ist wichtig, dass ich sofort einen Wald in der Nähe habe und so. Für uns bedeutet die Stadt unseren beruflichen Nährboden. Es wäre für uns nicht sinnvoll, ganz aufs Land zu ziehen, weil wir ständig Leute zum Proben treffen oder Meetings für unsere Festivals haben. Natürlich kann man das alles online machen, aber proben kann man nicht online. Auch die Möglichkeit zu haben in Konzerte und Performances zu gehen. Für uns ist es beruflich so wichtig, dass wir direkt am Geschehen sind, weil wir einfach wissen müssen, was gerade so brodelt in der Szene. Aber im Grunde sind wir schon ziemliche Landmenschen!

Pernkopf: Für mich gibt es eben auch keinen Gegensatz – wir brauchen beides.

Lacherstorfer: Ein schwieriger Aspekt dabei ist, dass sich die Baukultur und der Immobilienmarkt immer mehr zuspitzen. Es gibt immer weniger Möglichkeiten leistbar zu wohnen und das ist auch etwas, wo angesetzt werden muss. Wohnen in der Stadt wird immer teurer, weil die Immobilienpreise in den letzten Jahren ins Unermessliche gestiegen sind. Ich würde mir wünschen, dass es auch hier eine Reglementierung gibt, was Investoren-Projekte betrifft – riesige Wohnanlagen zu horrenden Preisen, das hilft niemandem. Das versiegelt nur noch mehr Boden und trägt nichts zum Allgemeinwohl bei. Dabei ist Lebensqualität ein so wichtiger Faktor für psychische Gesundheit.

Pernkopf: Gehen wir nochmal zum Thema Kultur. Ich bin der Meinung, man kann am Land auch Kultur erleben. Was sind für dich Formen der Kultur? Glaubst du, gibt es auch noch immer Wertschätzung für die Kultur des Handwerks?

Lacherstorfer: Ich sehe einen absoluten Trend zurück zum Handwerk. Und das seit sicher zehn Jahren. Töpfern, Stricken, Sticken, Makrame, Schmuck, Möbel – viele Menschen bieten ihre Dinge in eigenen Webshops an. Ich finde, das ist eine schöne Bewegung. Das ist genau das, was du vorher angesprochen hast. Das sind Dinge, da kann man nicht nebenbei ins Handy schauen, da muss man voll bei der Sache sein und am Ende hat man ein Ergebnis. Ich glaube, dass die Leute das als Ausgleich zur digitalen Berufswelt neu wertschätzen.

Pernkopf: Was ist Europa für Dich?

Lacherstorfer: Europa ist für mich eine Vereinigung von positiven Kräften – joined forces. Eine Gemeinschaft, die für eine gerechte und nachhaltige Zukunft für eine gesunde Gesellschaft sorgen kann und muss. Und Europa endet für mich nicht an dessen Außengrenzen – Landes-

grenzen sind für mich ein Konstrukt, das wir wohl brauchen, um die Gemeinschaften, in denen wir leben, zu verwalten. Aber sie sollen uns nicht dazu verleiten zu sagen: „Das gehört uns, du darfst rein, aber du nicht." Das empfinde ich als anmaßend, und da gilt es auch, unseren Eurozentrismus kritisch zu hinterfragen.

Pernkopf: *Wir haben uns beim „Aufhorchen" kennengelernt. Jetzt waren viele Aufführungen pandemiebedingt gar nicht möglich. Wie siehst Du die Zukunft im Bereich der Volksmusikveranstaltungen, was würdest Du Dir wünschen?*

Lacherstorfer: Ich würde mir wünschen, dass so etwas wieder möglich sein kann. Ich finde Covidmaßnahmen sehr wichtig. Aber wenn die ganze Pandemie abgeebbt ist, würde ich das ganz wichtig finden: Musik im Wirtshaus, Hausbälle und so, ... dass das wieder Fahrt aufnimmt. Gute Musik, selbst gemachtes Essen und Nähe zur Natur. Das sind drei Parameter, mit denen man Leute glücklich machen kann. Bei unseren wellenklængen Festivals im Juli 2020 waren die Menschen damals so dankbar für die Konzerte, die wir veranstaltet haben. Das ganze Frühjahr haben sie sich isoliert gefühlt und wir haben gespürt, wie sich ein Leben ohne Kunst und Kultur anfühlt. Wir Menschen trocknen aus, wenn wir Kultur und Gemeinschaft nicht erleben dürfen.

Pernkopf: Das Leben am Land heute im Vergleich zu vor drei Jahren?

Lacherstorfer: Ich würde mir ein architektonisches Konzept für Ortschaften wünschen. Es muss aufhören, dass die riesigen Einkaufszentren überall hingebaut werden. Ich bin ein ästhetischer Mensch und ich finde, es hat eben die lebendige Dynamik der Ortszentren, zerstört. Auch wenn wir es oft nicht so bewusst wahrnehmen – wir lassen uns dort nieder, wo wir uns wohl fühlen. Und das ist selten mitten im Gewerbepark, sondern eher am Marktplatz oder im Lieblingsgastgarten vom Stammbeisl. Aber da geht halt keiner mehr hin, wenn alle Geschäfte am Marktplatz zusperren müssen, weil alle zum großen Discounter in den Gewerbepark fahren.

Das ist so schade. Wir müssen uns überlegen: Wie kann eine Landschaft ausschauen, wie kann ich ein Gebäude in welchem Größenverhältnis hinbauen, ohne dass ich die ganze Landschaft zerstöre? Da sind viele Baufehler passiert in den letzten Jahrzehnten. Wir müssen uns anschauen, wie wir Ortskerne beleben können. Ein Vorzeigebeispiel dafür ist für mich der Bregenzerwald. Da ist Architektur so wichtig, dass quasi jeder Sparmarkt mit Holz geschindelt ist. Nicht jeder kann bauen, wie er möchte, es gibt Bauvorschriften. Das ist sicher auch eine Challenge und nicht nur angenehm, aber letztendlich sorgt man so dafür, dass der Charme einer Ortschaft erhalten bleiben kann.

Pernkopf: Hast Du prinzipiell einen positiven Blick auf das Landleben? Also nach Corona?

Lacherstorfer: Ich habe mich schon vor der Pandemie sehr naturverbunden gefühlt, die Zeit der Lockdowns hat es sicher nochmal verstärkt. Aber ich liebe das Stadtleben ebenso wie das Landleben.

Pernkopf: Was soll bleiben, was soll sich ändern – gesellschaftspolitisch?

Lacherstorfer: Es soll so bleiben – speziell in Niederösterreich – dass der Kunst- und Kulturbereich weiter so gut finanziell unterstützt und gefördert wird. Das sollte in allen Bundesländern so sein.

Was sich ändern sollte ist, dass wir uns unserer Privilegien bewusster werden und sie hinterfragen:

Ist die Welt, in der wir leben, ist unser Land wirklich für alle entworfen? Oder gehen wir vielleicht immer noch prinzipiell davon aus, dass Menschen weiß, gesund, heterosexuell und christlich sind, und auf alles andere schauen wir ein wenig herab? Es ist so hilfreich und bereichernd, sich mit Menschen auseinanderzusetzen, die eine total andere Lebensrealität haben. Weniger Selbstgerechtigkeit, mehr Gerechtigkeit, das wäre mein großer Wunsch.

Holz: Birne
Länge: Langstiel

Werkstattgespräch mit Markus Hengstschläger

> „Die Zukunft wird Herausforderungen bringen, die wir so noch nicht gehabt haben. Das war schon immer so. Für diese Herausforderungen brauchen wir neue Lösungen. Wir sehen ja auch ganz aktuell: Zukunft hat einen vorhersehbaren und einen unvorhersehbaren Anteil und wir müssen in der Lage sein, neue Lösungen zu finden."

Markus Hengstschläger leitet das Institut für Medizinische Genetik an der Medizinischen Universität Wien und schreibt Bestsellerbücher. Außerdem ist er stellvertretender Vorsitzender der österreichischen Bioethikkommission und wissenschaftlicher Leiter des Think Tanks Academia Superior. Er unterrichtet Studierende und ist in den Bereichen genetische Diagnostik, Grundlagenforschung und Innovationsberatung tätig. Hengstschläger ist vielgefragter Redner und Moderator der Medizin- und Wissenschaftssendung „Radiodoktor" im Radio Ö1 des ORF. Eines seiner berühmtesten Bücher veröffentlichte er unter dem Titel „Die Lösungsbegabung".

Pernkopf: Die Politik ist das Bohren von harten Brettern. Du bist in der Grundlagenforschung tätig. Ist es dort das Bohren von Beton?

Hengstschläger: Die Bedingungen für die Grundlagenforschung in Österreich sind grundsätzlich recht gut. Vielleicht gibt es zu oft die Erwartung, dass Grundlagenforschung laufend Ergebnisse liefern sollte, die dann auch die Entwicklung von Anwendungen ermöglichen. Das ist aber nicht die Aufgabe von Grundlagenwissenschaft – sie dient dem Erkenntnisgewinn. Natürlich hat man stets auch den Wunsch, dem Wohle der Patientinnen und Patienten dienen zu können. Und es gibt noch die angewandte Forschung. Das eine ergibt das andere. Wobei die Grenzen fließend sind. Ich sehe das auch nicht als ein „Entweder-Oder", sondern vielmehr als ein „Sowohl-als-auch."

Pernkopf: Den schnellen Erfolg gibt's also in der Grundlagenforschung nicht. Merkst Du vielleicht auch deshalb, dass sich Studierende eher für angewandte Wissenschaft begeistern lassen?

Hengstschläger: Nein, den schnellen Erfolg gibt es nicht. Es geht dabei um das Tun. Manche haben die intrinsische Motivation und den langen Atem dafür, manche vielleicht nicht.

Pernkopf: Bei einer Veranstaltung der Academia Superior hast Du vor Kurzem mit Richard David Precht diskutiert. Dabei war die künstliche Intelligenz auch Thema. Wo ist der Nutzen der Künstlichen Intelligenz, wo sind die Gefahren und wo die Grenzen?

Hengstschläger: Die Frage, die sich zunächst stellt ist: Warum beschäftigt sich mein Fach, also die medizinische Genetik, mit künstlicher Intelligenz? Das erste Mal wurde das gesamte Erbgut eines Menschen durchanalysiert, sequenziert, als Bill Clinton amerikanischer Präsident war. Die Analyse hat etwa 13 Jahre gedauert und etwa 3 Milliarden gekostet. Wenn Du heute bei uns in Wien am Institut vorbeikommst und nach einer Beratung eine Speichel- oder Blutprobe abgibst, können wir innerhalb von 1–2 Tagen das Genom analysieren. Bei den Analysen aller Bausteine der DNA entstehen enorm viele Daten – Big data, die wir anschauen und überprüfen. Der Mensch hat über 20.000 Gene. Viele Krankheiten werden von vielen verschiedenen Genen beeinflusst. Ein Gen hat oft auch mehrere Funktionen. Und schließlich spielen auch die Umwelteinflüsse bei der Entstehung von Krankheiten eine große Rolle. Zur Interpretation all dieser Faktoren wird die Unterstützung durch künstliche Intelligenz in Zukunft von großer Bedeutung sein. Bis es aber so weit ist, dauert es noch und braucht es noch viel mehr Forschungsarbeit. In Zukunft werden Unmengen von Genom-Daten in Clouds über künstliche Intelligenz interpretiert und weltweit verglichen werden können. Das bietet enorme Chancen diese tausenden Gene des Menschen, ihre Wirkungen, Wechselwirkungen untereinander und mit Umwelteinflüssen besser zu verstehen. Das wird möglich durch die Konvergenz zweier Leitfächer – der Genetik und der künstlichen Intelligenz.

Pernkopf: Wo siehst du die Gefahr und wo den Nutzen dabei?

Hengstschläger: In vielen Zusammenhängen, unter anderem auch in der Bioethikkommission, beschäftige ich mich seit vielen Jahren mit den Folgenabschätzungen und den ethischen Fragestellungen betreffend, Genomanalysen, Gentherapien, Stammzellforschung, künstlicher Befruchtung u.v.m. Für die digitale Transformation bedarf es einer digitalen Ethik. Ich vertrete prinzipiell die Position: Eine Technologie ist per se ethisch weder gut noch schlecht, sie ist neutral. Die wichtige Frage ist: Was machen wir mit dieser Technologie? Im Zusammenhang mit dem digitalen Wandel, und im speziellen betreffend künstliche Intelligenz, müssen wir uns genauso überlegen: Was wollen wir und was wollen wir nicht? Nicht alles was machbar ist, muss oder soll auch gemacht werden. Wir wollen natürlich die großen Chancen zum Wohle der Patientinnen und Patienten nutzen, die gerade in der Medizin, etwa bei Genomanalysen oder in der Tumordiagnostik, richtungsweisend sein werden. Im Bereich der Präzisionsmedizin, die das Ziel hat, hoch individualisierte, personalisierte Prophylaxen und Therapien zu entwickeln, werden Genomanalysen und die künstliche Intelligenz von größter Bedeutung sein. Und natürlich müssen gleichzeitig etwaige Nachteile mitbedacht werden. „Ethics by design" beschreibt unter anderem, dass man von vornherein danach fragt: Wie gut ist die Qualität der Daten, um z.B. Verzerrungsmomente möglichst auszuschließen? Wem gehören die Daten? Wie stelle ich Datenschutz und Privatsphäre sicher? Einerseits werden starke private Monopole, etwa Google, kritisch gesehen, weil sie Zugang zu solchen Mengen von Daten haben und den Markt beherrschen. Andererseits werden über Social-Scoring-Systeme in China Menschen digital überwacht und ihnen Punkte für ihr Verhalten gegeben, um sie zu kontrollieren. Europa sollte eine richtungsweisende Position einnehmen und sagen: Wir nutzen den Fortschritt durch neue Technologien am besten, indem wir eventuelle Nachteile von vornherein versuchen zu vermeiden. Dafür braucht es eine laufende ethische Diskussion.

Pernkopf: *Autonomes Fahren – wird es das geben?*

Hengstschläger: Ohne Zweifel – ja. Die Menschen stellen zu Recht oft Fragen wie: Was passiert, wenn das Auto einen Fehler macht und wer haftet dann dafür? Das sind zwar wichtige Fragen, aber wir dürfen nicht so tun, als würde der Mensch selbst keine Fehler machen. Der digitale Wandel inklusive künstlicher Intelligenz wird in vielen Bereichen eine große Veränderung auslösen. Er leistet zum Beispiel auch wichtige Beiträge zur Bewältigung des Klimawandels oder der Pandemie. Smart Farming, Smart Home, Smart City, Smart Mobility, das sind alles höchst relevante Zukunftsthemen. Irgendwann wird die Müllabfuhr nur mehr dann zur Mülltonne fahren, wenn sie voll ist.

Ich zitiere immer gerne die Tante Jolesch von Friedrich Torberg: „Gott soll einen hüten vor allem, was noch ein Glück ist." Man spricht ja auch gerne vom Glück im Unglück – aber dafür muss man ja zuerst einmal ein Unglück erleben. Aber es war in meinen Augen schon ein Glück im Unglück, dass uns die Pandemie in Zeiten der digitalen Transformation getroffen hat. Man muss sich die Pandemie ohne Online-Bestellungen, „Distance learning" oder „Homeoffice" vorstellen! Und es gibt noch viele

andere Gründe, warum die Pandemie ohne Digitalisierung ganz andere Konsequenzen hätte. Allgemein sage ich immer: Wir müssen Traditionen bewahren, wo sie sich bewähren, aber gleichzeitig das Neue nutzen. Und das Neue schafft manchmal sogar erst die bessere Möglichkeit, die Tradition zu bewahren.

Pernkopf: *Wann wird die künstliche Intelligenz den Hausverstand ersetzen?*

Hengstschläger: Ich möchte an dieser Stelle einmal sagen, dass wir auf dieser Welt noch viele andere Herausforderungen haben, wie zum Beispiel Hunger, Krieg, Flüchtlingskrisen, Rassismus, die wir lösen müssen. Aber noch einmal zur digitalen Transformation: Es wird in unseren Breiten ganz sicher so kommen, dass Maschinen viele Aufgaben übernehmen und besser erledigen werden als der Mensch, weil sie es auch besser können. Trotzdem kommen entsprechende Vorteile erst so richtig zur Entfaltung, wenn die Maschine mit der Innovationskraft, der Kreativität, dem Kontextverständnis und der Empathie des Menschen im Team arbeitet. Dadurch, dass Maschinen uns vieles abnehmen, wird der Mensch vielleicht sogar mehr Zeit und Muße haben seine Kreativität und Lösungsbegabung zu fördern und einzusetzen.

Pernkopf: Zum Thema New Work hast Du mal etwas gesagt, was mir besonders gefallen hat. „Die Generation Y will genauso arbeiten wie meine Generation, nur anders." Welche Rolle spielt dabei das Thema Work-Life-Balance?

Hengstschläger: Die Zukunft wird Herausforderungen bringen, die wir so noch nicht gehabt haben und für die wir neue Lösungen brauchen. Zukunft hat einen vorhersehbaren und einen unvorhersehbaren Anteil. Wir müssen also in der Lage sein, laufend neue Lösungen zu finden.

Dafür brauchen wir die Fähigkeit Neuland zu betreten, kreativ zu sein und Innovationen zu schaffen. Das ist etwas Grundlegendes, denn sonst reproduzieren wir ja nur das Alte. Und die alten Konzepte werden nicht reichen, um die neuen Fragen zu beantworten. Da können Aspekte von New Work, wie etwa agiles, selbstbestimmtes Arbeiten, Diversität, Talentförderung und das Beschäftigen mit dem Sinn des Tuns viel beitragen. Ich habe über all die Jahre meiner Universitätstätigkeit mit vielen jungen Menschen zu tun gehabt. Für mich ist die wichtigste Frage: Wie fördern wir die Lösungsbegabung des Menschen am besten? Dazu gäbe es jetzt wirklich viele zu sagen. Einmal ein Beispiel: Wir wissen, dass das Hirn einerseits gewissermaßen in einem Aktivitätsmodus arbeitet, wenn man etwas tut wobei und worüber man konzentriert nachdenken muss. Und dann gibt es noch so etwas wie einen Standby-Modus. Draußen beim Schuhlöffelmachen hast Du erzählt, dass Du, wenn es ein stressiger Tag war, in deine Werkstatt gehst, um runterzukommen. Das ist möglicherweise gefährlich, weil Du Dir ja den Finger abschneiden könntest, aber es könnte auch sein, dass Du beim Schnitzen manchmal in Phasen kommst, wo Du über das Tun selbst nicht direkt nachdenken musst, weil Du schon sehr routiniert darin bist. Und dann fängst Du vielleicht an, über andere Dinge nachzudenken, holst Gedanken, die deinen Arbeitstag betreffen, hervor. Im Standby-Modus können sich Gehirnregionen anschalten, die sonst oft eher

runtergeschaltet sind. Da gilt es noch vieles zu erforschen, aber es gibt Hinweise darauf, dass genau diese Hirnregionen eine Bedeutung für kreatives Denken, Geistesblitze und neue Ideen haben. Dabei gilt es allerdings noch etwas zu bedenken. Ich selbst gehe im Wald joggen und aktiviere dabei vielleicht so etwas wie einen Standby-Modus. Ich jogge schon seit Jahren, aber mir ist noch nie etwas zur Quantenphysik eingefallen, weil ich in meinem aktiven Leben nicht über Quantenphysik nachdenke und mich auch nicht auskenne. Ich könnte so vielleicht Ideen im Bereich der Genetik bekommen und Dir fallen vielleicht kreative politische Lösungen ein. Durch eine gute Work-Life-Balance, was auch immer man individuell darunter versteht, könnte man diese Prozesse vielleicht fördern und trägt auch zu dem Prozess des Work-Life-Blending bei.

Pernkopf: Der Buchtitel könnte sein: Gespräche zwischen Metaversum und Hobelbank. Wir sollten natürlich alles nutzen, was digital ist und uns guttut. Aber ich bin skeptisch, ob nicht auch viel Geschäftemacherei dabei ist. Fliehen wir gerade in eine andere Welt?

Hengstschläger: Ich schließe mich Deiner Skepsis bedingt an. Mir fällt da ein spezieller Aspekt ein: Gar nicht wenige Firmen beschäftigen sich ja schon länger mit der Frage nach der „Unsterblichkeit des Menschen". Da gibt es die verschiedensten Ideen dazu. Relativ neu ist aber der Ansatz, anhand von Datenmaterial, Videos, Schriftstücken, Sprachaufnahmen etc. von verstorbenen Personen einen digitalen Zwilling in einer virtuellen Welt zu erschaffen. Die Idee dahinter: Wenn ein Familienangehöriger stirbt, kann man noch weiter mit ihr oder ihm chatten und bekommt Antworten aus der virtuellen Welt. Hier muss man sich meiner Meinung nach einige Fragen stellen: Wie erstrebenswert ist das? Was ist ethisch vertretbar? Was macht den Menschen zum Menschen? Ganz allgemein gesagt soll man im Zusammenhang mit neuen Technologien keine Hoffnungen schüren, die sich nicht erfüllen lassen bzw. zu Enttäuschungen führen können.

Pernkopf: In Deinem Buch habe ich auch gelesen, dass Du die Entwicklung von Chip-Menschen verfolgst. Wie stellt man beispielsweise sicher, dass solche Schnittstellen von technischen und menschlichen Funktionen auch im Alterungsprozess funktionieren? Kannst Du das noch ein wenig greifbarer machen?

Hengstschläger: Der Mensch hat so etwas wie eine biologische Lebensgrenze, die man in der Wissenschaft derzeit gerne so mit ungefähr 125 Jahren angibt. Unser Ziel sollte es sein, dass wir innerhalb dieser Grenze möglichst lange gesund, vital und fit leben können. Es geht eigentlich nicht so sehr darum, dem Leben Jahre zu geben, sondern mehr den Jahren Leben zu geben. Vor allem durch den medizinischen Fortschritt ist die durchschnittliche Lebenserwartung in unseren Breiten stark gestiegen. Es wird in diesem Bereich sehr viel geforscht und die Ansätze umfassen etwa Gentherapie, Stammzellforschung, Xenotransplantation oder Nanotechnologie. Es

gibt auch schon länger den Ansatz, dass man das Gehirn über Sensoren auf dem Kopf mit einem Computer verschaltet. Neu ist, dass man das jetzt über das Implantieren von Chips machen möchte. Auch hierfür gibt es viele erstrebenswerte therapeutische Anwendungen in der Medizin. Aber was, wenn darüber nachgedacht wird, mit all diesen Technologien den Menschen zu „verbessern"? Damit sind wir beim Thema Transhumanismus. Wenn es um das Wiederherstellen des gesunden Urzustands mit Hilfe neuester Technologien geht, finde ich es gut. Aber immer, wenn es darüber hinausgeht, muss man das ernsthaft ethisch auch in Frage stellen können. Aktuell wird viel vom „Internet of things" gesprochen. Ich spreche im Zusammenhang mit Entwicklungen, wo der Mensch mit Geräten „verschaltet" wird, vom „Internet of things and human beings". Und hier muss man selbstverständlich über ethische Grenzen diskutieren.

Pernkopf: Diese Erholungsphasen, die Du vorher angesprochen hast, das hat Paulus Hochgatterer auch mit dem Begriff „Beschleunigungsgesellschaft" in unserem Gespräch angesprochen. In diesem Zusammenhang möchte ich

Dich fragen: Wie weit ist die Landschaft auch von Bedeutung? Beim Herein-gehen habe ich Dir ja auch gerade unseren Hausberg, den Ötscher gezeigt. Das ist für mich Landschaft und ich finde, das ist wichtig, das auch so zu betiteln. Denn wir reden immer von Umwelt, aber inwieweit ist Landschaft eigentlich für den Menschen positiv beeinflussend?

Hengstschläger: Alles was den Menschen in seiner Kreativität inspi-rieren kann und seine Lösungsbegabung fördert, finde ich gut. Und mich persönliche kann Landschaft inspirieren – genauso wie der Aufenthalt in der Natur.

Pernkopf: *Wir reden oft von Startups. Wie ist das in Deinem Bereich? Bräuchte es nicht viel mehr große Würfe und Gründungen, damit Fortschritt entsteht?*

Hengstschläger: Es braucht beides. Große disruptive Innovationen, die das Bisherige über Board werfen. Solche Innovationen haben uns in den letzten Jahrzehnten viel Fortschritt beschert. Aber auch das inkremen-telle – Schritt für Schritt-Weiterentwickeln – braucht es, um langfristig erfolgreich zu sein. In der Forschung gibt es ohnedies beides und das ist gut so. Es muss aber auch in der Wirtschaft beides möglich sein und gefördert werden. Außerdem muss man den Innovationsbegriff breit ansetzen. Es gibt Innovationen, die am Absatzmarkt verwertet werden können, es gibt Sozialinnovationen, Umweltinnovationen, politische In-novationen u.v.m.

Pernkopf: *Zum Thema Fleischkonsum: Die regionalen Kreisläufe machen hier viel Sinn. In der Landwirtschaft brauchen wir das Wunderding Wiederkäuer, damit aus Pflanzenzellen für uns verwertbare Energie wird.*

Hengstschläger: Ansätze wie „regional", „saisonal" oder „biologisch" sind von großer Bedeutung. Es gibt auch den Begriff „glokal". Wir müssen ge-rade etwa im Bereich des Klimawandels global denken. Wir müssen aber auch regional handeln. In der Pandemie haben wir gesehen, dass der Beitrag jeder und jedes Einzelnen wichtig ist und helfen kann. Und wir haben auch viel über globale Abhängigkeiten gelernt.

Pernkopf: *Warum wird das Thema grüne Gentechnik bei Hunger ausgeblendet?*

Hengstschläger: Mit ist immer wichtig zu sagen, dass ich ein medizinischer Genetiker bin und kein Experte für grüne Gentechnik. Ganz allgemein gilt, dass man evidenzbasiert und transparent darlegen soll, was eine Technologie kann und was nicht. Und dann muss man sachlich diskutieren welche Vorteile und welche Gefahren sich daraus ergeben können.

Aber jetzt von Wissenschaftler zu Politiker: Was mich sehr enttäuscht und wo wir wirklich was tun müssen: nach aktuellen Umfragen herrscht in Österreich im Vergleich wenig Vertrauen in die Wissenschaft. Die Österreicherinnen und Österreicher sind relativ wissenschaftsskeptisch.

Ich finde, dieses Thema sollte höchste Priorität haben und wir müssen da noch mehr Anstrengungen unternehmen. Wir müssen die Sorgen der

Menschen ernst nehmen und durch Transparenz, Information und offenen Diskurs Angebote schaffen. Offensichtlich gelingt es in Österreich nicht in genügendem Maße, die Bedeutung der Wissenschaft klarzumachen. Der Mensch ist ein extrem vernunftbegabtes, lösungsbegabtes und soziales Wesen. Nur muss er sich auch auf diese Fähigkeiten besinnen.

Pernkopf: Aber hast Du nicht den Eindruck, dass durch die Pandemie die Rolle der Wissenschaft gestärkt wurde?

Hengstschläger: Prinzipiell hätte ich mir das auch so gedacht. Die Leute hatten Gelegenheit zu sehen wie Wissenschaft abläuft und funktioniert. Man lernt ständig von der gerade Gestalt annehmenden Zukunft. Das ist ein wissenschaftliches Grundkonzept. Der ganz aktuelle Stand der Wissenschaft ändert sich laufend, man lernt laufend dazu. Du hast vollkommen recht, die Politik hat die Wissenschaft vermehrt zu Rate gezogen, die Forschung wurde sichtbarer. Das war sehr positiv.

Aber dass die Bevölkerung trotzdem eine relativ hohe Wissenschaftsskepsis hat, ist für mich enttäuschend.

Pernkopf: In Deinem aktuellen Buch „Die Lösungsbegabung" schreibst Du wir brauchen neben Mut für ungerichtete Strategie unter anderem auch die Bereitschaft für Serendipität. Was meinst Du damit?

Hengstschläger: Es wird oft gesagt, um innovativ zu sein, um Neuland zu betreten, muss man all seine Ängste loswerden. Das kann ich als Biologe so nicht stehen lassen. Der Mensch war und ist ohne Angst und Furcht nicht überlebensfähig. Außerdem lösen diese Gefühle beim Menschen bestimmte Reaktionen im Körper aus, die uns fokussiert, konzentriert und schnell agieren und reagieren lassen. Ich spreche lieber von Respekt. Wenn man Respekt vor einer Situation hat, so hält das Abwägungsprozesse am Laufen. Diese sind extrem wichtig. Mut ohne Respekt rutscht sehr schnell in Richtung Dummheit. Serendipität lässt sich etwa mit dem Prozess des zufälligen Entdeckens oder Findens von Lösungen beschreiben. Man findet etwas, was man nicht gesucht hat. Viele große Entdeckungen sind so gemacht worden. Dafür muss man allerdings in

Bewegung sein und seine Ohren und Augen wachsam offenhalten. Wen man nicht in Bewegung ist, kann man nicht finden was man sucht, aber auch nicht was man nicht sucht.

Pernkopf: *Du schreibst auch von der Kraft der Interdisziplinarität. Brauchen wir nicht mehr Universalisten und nicht so viele Spezialisten, damit man den Gesamtüberblick hat?*

Hengstschläger: Man braucht Spezialistinnen und Spezialisten, die sich in bestimmten Bereichen einfach sehr gut auskennen. Aber Spezialisten aus verschiedenen Fachrichtungen sollen zusammenarbeiten. Besonders gute Voraussetzungen für das Entwickeln von neuen Lösungen findet man an den Schnittflächen verschiedener Disziplinen und Fachrichtungen – wenn sich Menschen mit verschieden Hintergründen vernetzen. Man spricht gerne vom sogenannten „Medici Effekt", weil diese Familie solche Interaktionen gefördert hat und im Raum Florenz dadurch die Renaissance beflügelt hat.

Pernkopf: *Als Vater von drei Kindern frage ich mich: Was muss die Schule von morgen können? Für mich war meine Volksschullehrerin sehr prägend. Sie hat nicht Unterricht nach Plan gemacht, sondern jedem in seinem Talent gefördert.*

Hengstschläger: Wir brauchen die Dualität von zwei Komponenten. Das eine nenne ich „gerichtetes Wissen". Das wäre beispielsweise $E=mc^2$ oder Penicillin hilft gegen Bakterien. Wenn ich vor einer bekannten Herausforderung stehe, für die es schon eine Lösung gibt, kann und soll ich das vorhandene Wissen anwenden. Wissenschaftlerinnen und Wissenschaftler schaffen Wissen, auf dem die nächste Generation aufbauen kann. Und so geht der Fortschritt voran. Wir wollen das Rad nicht immer wieder neu erfinden müssen. Zusätzlich muss jede Generation aber auch Lösungen finden können für Herausforderungen, für die es eben noch keine Lösungen gibt. Dazu muss die Lösungsbegabung des Menschen gefördert werden. Dafür braucht es natürlich gerichtetes, bestehendes Wissen. Aber zusätzlich unbedingt auch das, was ich ungerichtete Kompetenzen nenne.

Dazu gehören Kreativität, kritischen Denken, Recherchieren, Teamfähigkeit, soziale Kompetenzen, Fleiß, Resilienz, ethisches Verständnis u.v.m. Beides muss Schule fördern. Das österreichische Bildungssystem legt immer noch zu viel Augenmerk auf das Erste.

Nehmen wir an ein Kind sitzt auf einem Ast hoch auf einem Baum und ist verzweifelt, weil es meint nicht mehr herunterzukommen. Wir nehmen viel zu oft dem Kind den Lösungsfindungsprozess ab und rufen ihm zu „Rühr Dich nicht!". Sofort werden die Eltern sich daran machen, verschiedene Lösungen umzusetzen. Natürlich werden wir helfen – wir wollen ja nicht, dass sich jemand verletzt. Aber wir müssen es anders machen. Wir müssen das Kind fragen, welche Lösungen ihm einfallen. Dann sollen die Eltern diese Vorschläge ernst nehmen und gegebenenfalls auch ausprobieren. Nur so kann das Kind seine Lösungsbegabung üben und perfektionieren. Wenn es nicht klappt, lernt das Kind auch gleich aus Fehlern zu lernen – Stichwort Fehlerkultur. Es ist nur ein Beispiel dafür, dass wir der nächsten Generation die Zeit und das Handwerkzeug geben müssen, selbst Lösungen entwickeln zu können. Das fördert die Persönlichkeitsentfaltung, das Selbstbewusstsein und die Innovationskraft. Und das ist unverzichtbar, weil wir nicht wissen für welche Herausforderungen die nächsten Generationen noch Lösungen finden müssen.

Pernkopf: Du sagst ja auch „Um ein Talent zu fördern, braucht man viele Dörfer." Das kann ich bestätigen. Aber zum Thema Dorf und Landleben: Was hat sich für Dich am Landleben im Vergleich zu vor drei Jahren geändert?

Hengstschläger: In Zeiten, in denen der Mensch bestimmte Einschränkungen akzeptieren muss, ist es umso schöner, wenn er in die Natur gehen kann, frische Luft schnappen und Bewegung genießen kann. Am Land ist es vielleicht auch noch wahrscheinlicher, dass man seine Nachbarn gut kennt und ihnen hilft, was in der Pandemie auch von großer Bedeutung ist. Das ist Teil dessen, was ich für die Bewältigung der zukünftigen Herausforderungen für unverzichtbar halte: Eine Renaissance des „Sich- Einbringens".

Pernkopf: *Wenn Du Dir was wünschen könntest, was sollte man gesellschafts-politisch ändern, was sollte man beibehalten?*

Hengstschläger: Wir sollten im Bildungssystem, in der Wirtschaft, in der Gesellschaft den Schwerpunkt noch viel mehr auf das Fördern von Talenten legen. Jeder Mensch hat Talente – nur eben jeder woanders. Da ist noch viel Luft nach oben. Und man sollte sich dabei mehr auf das Stärken von Stärken als auf das Bekämpfen von Schwächen konzentrieren.

Holz: **Erle**
Länge: **Langstiel**

Werkstattgespräch mit Katharina Rogenhofer

„Politik ist kein Nachfrage-Angebotsgeschäft. Es geht vielmehr darum, für eine bestimmte Vorstellung davon, wie eine gute Welt, eine faire Gesellschaft und eine funktionierende Wirtschaft aussehen, Mehrheiten zu schaffen und diese Zukunft dann zu ermöglichen. In der Klimakrise brauchen wir eine Politik, die das wissenschaftlich Notwendige auch politisch möglich macht."

Katharina Rogenhofer ist eine österreichische Klimaaktivistin. Sie hat „Fridays for Future" in Österreich mitbegründet und ist seit 2019 Sprecherin des Klimavolksbegehrens. Ihr erstes Buch „Ändert sich nichts, ändert sich alles" erschien im Juli 2021. Sie war unter anderem als freie Journalistin und an der UN-Klimakonferenz in Katowice als Praktikantin für UNFCCC tätig.

Pernkopf: In einem Interview hast Du gesagt, im Kampf gegen die Klimakrise brauche es auch soziale Innovationen. Wie können diese sozialen Innovationen Deiner Meinung nach aussehen?

Rogenhofer: Die Klimafrage ist eng damit verknüpft, wie wir in Zukunft zusammenleben wollen. Soziale Innovationen können verschränkt mit technischen Innovationen eine ganz neue Lebensqualität schaffen. Da geht es darum, wie wir öffentlichen Raum in Städten organisieren, wer wie viel Platz bekommt, wo wir uns treffen und zusammenkommen können. Neben raumplanerischen Fragen ist es aber auch wichtig, wie sich Menschen organisieren können: Wenn Zusammenarbeit in der Nachbarschaft gestärkt wird, dann kann das Energiegemeinschaften hervorbringen, regionale Bauernmärkte, Reparaturcafés, oder es kann die Care-Arbeit erleichtern. Soziale Innovationen sind beispielsweise auch community nurses, als medizinische Ansprechperson in einer Gemeinde. Es geht bei solchen Innovationen also viel darum, wie wir in Zukunft zusammenleben und Alltag gestalten wollen.

Pernkopf: Einer meiner Leitsätze für das Landleben ist „Sozialer Zusammenhalt ist das Fundament für das Leben in Dörfern und auf dem Land." Damit meine ich alles, was man klassisch unter „aufeinander schauen" versteht. Das ist nicht neu, sondern hunderte von Jahren alt. Inwiefern ist das heute noch wichtig oder innovativ?

Rogenhofer: Wir erleben gerade beides: Polarisierung und Solidarität, das hat man auch bei Corona gesehen. Einerseits haben wir ein, auch medial verstärktes, Auseinanderdividieren erlebt. Gleichzeitig haben viele ihre Nachbarinnen und Nachbarn kennengelernt und sind für sie einkaufen gegangen. Ich glaube dieses „Aufeinander schauen" kann auch etwas Revolutionäres haben. Man kommt ins Gespräch mit Personen, die unterschiedliche Meinungen haben, bereichert sich gegenseitig. Dieses soziale Netz kann dann eine unterstützende Funktion haben. Man kann sich zusammenschließen und sich gemeinsam eine Photovoltaikanlage leisten, oder borgt sich gegenseitig Dinge, damit sie nicht jeder kaufen muss. Daneben ist es aber auch wichtig, um im Grätzel, Bezirk oder der Gemeinde politisch aktiv zu werden. „Aufeinander schauen" kann dann der erste Schritt sein, die Nachbarschaft gemeinsam zu gestalten.

Pernkopf: Unsere Meinung trifft sich gerade beim Thema sharing economy. Aber was hat das mit Besitz und Eigentum zu tun?

Rogenhofer: Im Sinne der Ressourcenschonung, müssen wir zum Beispiel überdenken, ob jeder ein Auto besitzen muss. Ungefähr 95 Prozent der Zeit steht ein Auto in der Stadt herum und wird nicht gebraucht. Das heißt also, wir brauchen tonnenweise Materialien für ein Auto und setzen uns vielleicht nur einmal am Tag rein und fahren irgendwo hin und zurück. Da ist die erste Frage: Brauche ich das Auto überhaupt? Selbst wenn ich am Land wohne und keine Öffi-Verbindung habe, kann das Auto vielleicht geteilt werden. Wenn viele Menschen aus einem Ort in demselben Unternehmen arbeiten, wieso nicht Fahrgemeinschaften gründen? Oder ein Car-Sharing

System aufbauen? Es geht mir nicht darum, dass wir gar nichts mehr besitzen dürfen. Aber wir müssen überdenken, welche Sachen wir wirklich brauchen und welche wir teilen können. Vielleicht muss am Land nicht jeder einen Kärcher oder einen Rasenmäher haben. Oder in der Stadt ist es vielleicht zielführend einen gemeinsamen Waschkeller in Wohngebäuden zu haben und sich so die Ressourcen zu teilen. Aber hier braucht es auch den Einsatz der Politik. Es braucht Gesetze, die lange Haltbarkeit und Reparierbarkeit von Geräten als Standard vorgibt.

Pernkopf: *Du setzt Dich stark für Klimagerechtigkeit und Generationengerechtigkeit ein. Inwiefern braucht es auch eine neue Gerechtigkeit für den Ländlichen Raum?*

Rogenhofer: Das hat viel mit der Frage der Wertschätzung zu tun. Bei Generationengerechtigkeit und globaler Gerechtigkeit geht es mir darum, dass wir heute in unseren Entscheidungen auch immer die nächsten Generationen und auch Menschen, die heute schon von der Klimakrise betroffen sind, mitdenken sollten. Das wurde politisch in den vergangenen Jahrzehnten verabsäumt.

Und die Frage lautet dann wohl: inwiefern denken wir den Ländlichen Raum mit? Ich habe selbst große Wertschätzung gegenüber der Land- und Forstwirtschaft gewonnen. Menschen, die dort arbeiten, spüren die Klimakrise tagtäglich durch Dürreperioden, Waldsterben und Ernteausfälle. Diese Branchen können auch Teil der Lösung werden. Aber dazu müssen sie eben richtig gemacht werden. In der Landwirtschaft kann durch Humusaufbau CO_2 im Boden gebunden werden. Es geht aber auch um Fruchtfolgen und darum, wie wir alte Sorten und Flächen für Insekten integrieren. Durch diversere Bepflanzung statt Fichtenmonokulturen, machen wir auch unseren Wald widerstandsfähiger. Jetzt, wo wir über die Klimakrise Bescheid wissen, müssen wir eine ganz andere Art der Bewirtschaftung zur Norm machen. Dafür ist es notwendig, dass wir den Ländlichen Raum stärker wertschätzen und mitdenken – gerade auch in der Politik. Es muss Gesetze und Förderregime geben, die es der Land- und Forstwirtschaft ermöglichen, klima- und biodiversitätsgerecht zu wirtschaften. Und gerade im Ländlichen Raum braucht es rigorose politische Lösungen zur Frage, wie ich klimafreundlich von A nach B komme. Das wird derweil noch vernachlässigt.

Pernkopf: *Zum Punkto Produktion in anderen Ländern. Da habe ich halt immer so ein Problem damit, wenn wir bei uns die Standards so hochschrauben, dass dann niemand mehr vor Ort produziert und dasselbe Produkt unter schlechteren Bedingungen dann im Ausland produziert und zu uns importiert wird. Gegen diese Lebenslüge setze ich mich stark ein.*

Rogenhofer: Das Problem haben wir auch bei der CO_2-Steuer. Und wir lösen es mit CO_2-Grenzzöllen. Dann haben alle in die EU importierten Produkte dieselben Standards zu erfüllen. Insgesamt ist eine Lösung zu der Schieflage der Standards, verbindlichen Lieferkettengesetze zu erlassen. Diese können Vorschriften zu Produktionsbedingungen – wie ein Verbot von Kinderarbeit, aber eben auch Umweltstandards – in der Lieferkette vorschreiben: wenn ich also ein Produkt in Österreich verkaufe, dann müssen diese Vorschriften erfüllt werden, auch wenn das Produkt nicht bei uns hergestellt wurde. So haben alle die gleichen Voraussetzungen am Markt.

Pernkopf: Für mich ist das Dreigestirn von Politik, Verwaltung und Bürger essentiell. Was denkst Du, wie kann man zivilgesellschaftliches Engagement fördern?

Rogenhofer: Das Thema Engagement gehört schon ins Bildungssystem integriert. Das Wissen, das man sich einbringen kann und wie, kann sehr ermächtigend sein. Das sehe ich auch bei den Schülerinnen und Schüler, die bei Fridays for Future mitmachen. Durch das Organisieren von Streiks, durch politische Teilhabe, merken sie, dass sie etwas verändern können. Wenn das Gefühl ein entscheidender Teil dieser Gesellschaft sein zu können, den Menschen von Anfang an mitgegeben wird, und auch welche Werkzeuge es dafür gibt (wie Volksbegehren, Petitionen, Demonstrationen etc.), dann würde das viel bewirken. Aber auch da kommt es darauf an, wie ernst es die Politik meint. Der Demokratieverdruss kommt ja nicht von ungefähr. Als ich mit dem Klimavolksbegehren durch Österreich gefahren bin, hab ich immer wieder gehört: „Warum soll ich noch ein Volksbegehren unterschreiben, das machen sich die da oben eh aus." Die Menschen haben Angst, nicht gehört zu werden und das zurecht. Wir haben viele Korruptionsfälle, viel wird über Freunderlwirtschaft organisiert und die Zivilbevölkerung fühlt sich ohnmächtig. Dem muss man effektiv und aktiv entgegenwirken, indem man als Politikerin oder Politiker die Menschen einbindet, sich miteinander hinsetzt und wieder zuhört und die Forderungen der Bevölkerung wirklich in den politischen Entscheidungsprozess einfließen lässt. Wir haben zu viel Pseudopartizipation und zu wenig echte Zusammenarbeit.

Pernkopf: Zum Thema Wohnbau und Ortskernbelebung: Am Land dominiert das Einfamilienhaus. Wie siehst Du die Zukunft des Wohnens? Was ist für Dich die zukünftige Wohnform?

Rogenhofer: Es wird nicht jeder ein Haus auf der grünen Wiese haben können, denn das geht sich einfach nicht aus. Es gibt ungefähr vier Millionen Haushalte in Österreich. Wenn wir vier Millionen Häuser in die Natur bauen, haben wir bald keine mehr. Und wenn dann noch alle einen Garten und am besten eine eigene Zufahrtsstraße wollen, braucht das extrem viel

Fläche und es ist wieder jeder auf ein eigenes Auto angewiesen. Das als großen Traum unserer Gesellschaft zu titulieren, ist kontraproduktiv und kann nicht die Lösung sein.

Wir müssen großteils verdichten. In meiner Vorstellung werden Neubauten am besten nur um schon bestehende öffentliche Verkehrsknotenpunkte geplant, Mehrparteienhäuser bevorzugt, Bestand genutzt und in die Höhe statt in die Breite gebaut. Das kann auch sehr viel Lebensqualität bringen: Wir können Ortskerne wiederbeleben, statt Supermärkte weit draußen zu bauen und alles zuzubetonieren. Die Menschen können sich dann tatsächlich überlegen wieder mit dem Rad zu fahren oder zu Fuß zu gehen, weil alles um den Ortskern herum organisiert ist und mich eine schnelle Bahnverbindung von dort gemütlich ins nächste regionale Zentrum bringt. Eine klimafreundliche Stadt ist auch leiser, die Luft ist sauberer, die Fassaden begrünt, Bäume spenden Schatten und die Menschen treffen sich vielleicht am regionalen Markt, der jede Woche stattfindet. In Wien verlaufen ganz viele Flüsse unter dem Beton. Wie schön wäre es, wenn wir diese an die Oberfläche holen würden und Naherholungsgebiete daraus machen? Es geht also um mehr Lebensqualität durch und trotz gleichzeitiger Verdichtung.

Pernkopf: Ich sage immer: Ziele sind noch keine Handlungen. Ich war ein wenig enttäuscht von den Ergebnissen der Klimakonferenz in Glasgow. Woran scheitert die europäische Klimapolitik Deiner Meinung nach?

Rogenhofer: Ich habe das Gefühl, dass die Tragweite des Problems noch nicht ganz verstanden worden ist. Gerade jetzt wurde wieder ein Bericht des IPCC veröffentlicht, der zeigt, dass bei einer Erhitzung um 1,7–1,8°C die Hälfte der Weltbevölkerung lebensbedrohlich von den Folgen der Klimakrise betroffen sein wird. Das sind Milliarden von Menschen! Und gleichzeitig ist die Politik und auch die Wirtschaft häufig noch verfahren in dem „weiter-wie-bisher" und dieser Widerspruch führt oft zu Greenwashing. Banken, die zwar Grünstrom für ihr Hauptquartier beziehen, aber weiter in fossile Projekte investieren oder Kredite für neue Kohlekraftwerke vergeben. Das ist, als würde ich auf einer Luxus-Yacht

Recyclingklopapier verwenden. Auch Wirtschaftsvertretungen sind da oft noch bremsend und setzen sich zum Beispiel für die Beibehaltung des Dieselprivilegs oder die Verschiebung der ökosozialen Steuerreform ein.

Auch die Politik verstrickt sich in Widersprüchlichkeit. Zwar haben wir das Ziel 2040 klimaneutral zu werden, aber noch keinen gesetzlich festgelegten Reduktionspfad, der zeigt, wie wir dort hinkommen wollen und was wir bei jährlichen Emissionsüberschreitungen machen. Das Klimaschutzgesetz, das dies festlegen sollte, fehlt derweil noch, genauso wie ein Erneuerbare-Wärme-Gesetz. Wir haben in Österreich ungefähr 600.000 Öl- und fast eine Million Gasheizungen. Es braucht einen Plan, wie wir die alle durch erneuerbare Alternativen ersetzen. Gerade jetzt, wo uns die Abhängigkeit von russischem Öl und Gas vor Augen geführt wird, mit der wir indirekt den Krieg finanzieren, ist eine Energiewende umso dringender. In Österreich dürfen heute noch Gasheizungen in Neubauten eingebaut werden. Das ist doch absurd! Damit betonieren wir Emissionen für die nächsten Jahrzehnte ein!

Wir sind also bisher ins Reden gekommen und haben uns Ziele gesteckt, jetzt müssen wir auf allen Ebenen vom Reden ins Tun kommen. Und hier spielen Medien und zivilgesellschaftliches Engagement eine wichtige Rolle. Wir müssen nun genau hinschauen und aufzeigen, wo und von wem gebremst wird und wer sich nur ein grünes Mäntelchen umhängt. Auf der anderen Seite gilt es das zu unterstützen und voranzutreiben, wo sich sehr wohl etwas ändert. Es gibt viele Initiativen von Gemeinden, Unternehmen und Organisationen, die mir Hoffnung geben.

Auch international ist längst nicht alles auf Schiene. Während Von der Leyen ihren Green Deal als „man on the moon moment" der EU umschreibt und sich mit einer schönen Vision Europas schmückt, zeigen die Gesetzgebungen teilweise in die falsche Richtung. So werden in Zukunft Investitionen in Erdgas und Atomenergie wohl als „grün" gelten. Statt hier mehr Probleme zu schaffen, als zu lösen, sollten wir daran arbeiten, mutige Klimapolitik wirklich anzugehen: Den Ausstieg aus den Fossilen zu schaffen, die Wärmeversorgung alternativ aufzustellen und ein

gesamteuropäisches Zugsystem aufzubauen. Hier vermisse ich Entschlossenheit und klare Pläne, statt Ausreden.

Pernkopf: Das gefällt mir, das ist auch ein Motto von mir, seit ich 2009 in die Landesregierung eingestiegen bin. Ich hab versucht, Ziele Schritt für Schritt umzusetzen, weil sonst entsteht großes Frustrationspotenzial.

Rogenhofer: Darum geht's ja. Einerseits müssen wir das, was politisch möglich ist, so schnell wie möglich umsetzen. Und auf der anderen Seite müssen wir uns fragen, was darüber hinaus noch notwendig ist. Diese zwei Dimensionen – politisch möglich und wissenschaftlich notwendig – muss nachhaltige Politik, die den Namen verdient hat, zusammenbringen. Seit ich die Politik verfolge, habe ich das Gefühl, Politik ist immer mehr zu einem Nachfrage- und Angebotsgeschäft verkommen. Man beobachtet was in der Gesellschaft gerade los ist und macht dann dementsprechend Politik. Das treibt populistische Parolen. Dabei ist die Grundidee von Politik doch eine andere: Ich habe bestimmte Vorstellungen davon, wie eine gute Welt, eine faire Gesellschaft, eine funktionierende Wirtschaft etc. aussieht – und ich kreiere Mehrheiten dafür. In der Klimakrise brauchen wir eine Politik, die das wissenschaftlich Notwendige auch politisch möglich macht.

Pernkopf: Was steht für Dich an erster Stelle: Verbote oder Motivation?

Rogenhofer: Ich würde gerne mit einem Beispiel starten, das mir sehr gut gefällt. Die LED-Glühbirne gab es schon lange und auch Initiativen, alte Glühbirnen gegen LED zu tauschen, aber sie konnte die anderen Lampen nie wirklich ersetzen. Erst als die herkömmliche Glühbirne verboten wurde, hat sie sich durchgesetzt. Das heißt, Anreize reichen nicht immer und Verbote können große Innovationstreiber sein. Wenn klar ist, dass – sagen wir 2025 – keine Autos mit Verbrennungsmotoren zugelassen werden, oder es ein klares Ausstiegsdatum für Gasheizungen gibt – natürlich reagiert der Markt darauf. Motivation ist gut, aber es braucht immer auch klare Rahmenbedingungen.

Ein Aspekt, den wir dabei aber nicht vergessen dürfen, sind die notwendigen Aus- und Weiterbildungen. Wenn wir die Energiewende ernst meinen, sehen wir uns mit einem extremen Fachkräftemangel konfrontiert. Es gibt zu wenige Menschen, die unsere Heizkessel tauschen, oder eine Photovoltaikanlage montieren können. Machen wir also nicht denselben Fehler, wie im Gesundheitsbereich. Wir haben in der Pandemie an den Pflegefachkräften erlebt, was passiert, wenn viel Nachfrage und gleichzeitig zu wenig Menschen für spezielle Anwendungsgebiete da sind. Wir brauchen also eine Aus- und Weiterbildungsoffensive und eine Attraktivierung der Lehre. Für Veränderung braucht es also Motivation, aber auch Lenkung im Sinne von Planung und es braucht Leute, die auch die Umsetzung machen können.

Pernkopf: Was soll bleiben und was muss sich ändern?

Rogenhofer: Ich wünsche mir mehr Wertschätzung für unsere Ressourcen und Materialien, ein Mehr an Qualität statt Quantität und eine Forcierung der Kreislaufwirtschaft. Die Energiewende muss endlich auf den Boden gebracht werden, was bedeutet, dass auch Salzburg, Tirol und Vorarlberg endlich ihr erstes Windrad aufstellen müssen. Es braucht eine

Art der Raumplanung, die weg von Versiegelung hin zu mehr Grünraum führt. Wir sollten Erholungsraum schaffen und den öffentlichen Raum fairer teilen. Auch im Verkehrsbereich gilt es innovativ zu denken: Wie schaut eine Stadt der kurzen Wege aus? Wie könnte eine Stadt auch fast ohne Autos funktionieren? Auch am Land gibt es tolle Initiativen – in jeder Gemeinde funktioniert etwas anderes gut. In der einen Gemeinde sind es Fahrgemeinschaften von Senioren und in anderen sind es Carsharing-Lösungen. Wir müssen kreativ werden und uns in die Pionierrolle begeben. Vor allem aber: wir müssen endlich loslegen!

Werkstattgespräch mit Paulus Hochgatterer

> „Der Zauber, den jedes Kind spüren sollte, ist der, dass die
> Welt der Gedanken, Fantasien und Vorstellungen gleich viel
> wert ist wie die Welt, die die Großen Wirklichkeit nennen."

*Paulus Hochgatterer arbeitet als Primarius der Klinischen Abteilung für
Kinder- und Jugendpsychiatrie im Universitätsklinikum Tulln. Er wuchs im
niederösterreichischen Blindenmarkt auf und zählt zu den Bestsellerautoren
Österreichs. Seine Krimis, Romane und Erzählungen sind weit bekannt.
Zu einigen seiner Auszeichnungen gehören der Deutsche Krimi-Preis, der
Europäische Literaturpreis und der Österreichische Kunstpreis. Hochgatterer
lebt mit seiner Familie in Wien und Lichtenau.*

Pernkopf: *Soweit ich weiß, hast Du auch ein Haus am Land?*

Hochgatterer: Unser Haus im Waldviertel ist so etwas wie eine Lebensbaustelle geworden, eine Mischung aus Wahnsinn und Romantik. Wir haben uns ursprünglich gedacht: Das ist alt und superschön. Aber mit der Zeit war's dann natürlich einfach nur alt. Wir haben das Haus kleinweise restauriert, dazwischen gab's längere Erschöpfungsphasen. Jetzt – während der letzten zwei, drei Jahre – haben wir richtig Gas gegeben und das Haus endgültig hergerichtet.

Stephan: *Ich hab' ja auch in der Werkstatt gesehen, dass Du handwerklich sehr begabt bist.*

Hochgatterer: Arbeiten mit Holz liegt mir, ich mache das gern. Mein Problem ist, dass ich so viele Dinge gerne mache.

Pernkopf: *Da haben wir was gemeinsam (lacht).*

Hochgatterer: Und irgendwann kommt man dann darauf, dass man nicht alle Dinge, die man gern macht, tatsächlich machen kann, weil der Tag eben nur 24 Stunden hat.

Pernkopf: Deine Spezialgebiete als Bestsellerautor sind salopp gesagt: Die Kinder und ihre Seele. Du hast gerade in der Werkstatt meine drei Kinder gesehen. Abgesehen von Pandemie und Krieg: Was erwartet ein Kind, das im Jahr 2022 geboren wird?

Hochgatterer: Eine Welt, die sich immer schneller verändert. Mit diesem Umstand müssen wir in unserem Leben zurechtkommen. Veränderungsbeschleunigung gehört zu unserer Realität. Veränderung passiert nicht linear, sondern exponentiell. Und das ist ein Phänomen, mit dem werden unsere Kinder in einer noch anderen Form zurechtkommen müssen, als das bei uns selbst der Fall ist.

Der Soziologe Hartmut Rosa hat einige wichtige Werke zum Thema Beschleunigung geschrieben. Er schreibt, dass die Auswirkungen der immer rascher zunehmenden Veränderung enorm sind. Kinder lernen, dass Dinge nur mehr eine ganz kurze Halbwertszeit haben. Daher sind die Lebenskonzepte, mit denen wir groß geworden sind, heute zum Großteil überholt. Das Modell unserer Eltern war: Erlerne einen Beruf, gründe eine Familie und tritt einer Partei bei. Dieses Konzept verschwindet zunehmend, weil es einfach nicht mehr funktioniert.

Pernkopf: Was ist jetzt anders zu meiner oder Deiner Kindheit. Was sind die großen Vorteile oder Fortschritte, die man heute genießen kann?

Hochgatterer: Mir fällt da zuerst der oft verteufelte Umstand ein, dass durch die sozialen Medien die Möglichkeiten der Beziehungsaufnahme ganz anders geworden sind, als das bei uns der Fall war.

Pernkopf: Ist das besser oder schlechter?

Hochgatterer: Besser. Die Wahrscheinlichkeit, dass ein Kind heutzutage wirklich isoliert ist oder bleibt, oder dass es keine Beziehung zu Gleichaltrigen hat, ist viel geringer als in der Zeit, in der ich ein Kind war.

Ein Vorteil ist auch, dass Distanzen viel leichter zu überwinden sind. Die Welt steht Kindern heute in einer anderen Form offen, als das in meiner Kindheit der Fall war.

Pernkopf: Und aus medizinischer Sicht?

Hochgatterer: Spitzenmedizin ist zwar heute nicht in jedem Krankenhaus in Österreich realisierbar. Aber die Krankenhäuser, in denen die Spitzenmedizin zuhause ist, die sind für alle erreichbar.

Pernkopf: Pandemie und Krieg sind Dauerkrisen. Wie kann ein Kind heute dennoch sicher leben?

Hochgatterer: Sicherheit ist immer etwas höchst Subjektives. Ein Kind ist dann sicher, wenn es sich sicher fühlt. Dazu fällt mir jetzt ein, dass wir vorhin Deine Frau und Deine Kinder erlebt haben: Wenn ein Kind bei einem Elternteil auf dem Fahrradsitz transportiert wird, erlebt es Sicherheit in der Beziehung zu seinen Eltern und wird sich in solchen Situationen immer sicher fühlen. Sicherheit heißt in erster Linie Beziehungssicherheit, und Beziehungssicherheit ist etwas, das hauptsächlich in den ersten drei Lebensjahren entsteht. Kinder werden sich im Leben sicher fühlen, wenn ihnen ermöglicht wird, dass sie es in den ersten Lebensjahren lernen.

Pernkopf: Ist Geborgenheit mehr als Sicherheit?

Hochgatterer: Geborgenheit hat einen anderen Akzent. Sicherheit heißt für mich Trennungsfähigkeit. Ein Kind ist dann sicher, wenn es sich in Absenz der Eltern, also auch unabhängig von ihnen, sicher fühlen kann. Das heißt, wenn ein Kind fähig ist, alleine und ohne die Eltern in einen anderen Raum zu gehen und sich dort sicher fühlt, weil es weiß, die Mama oder der Papa ist eh da, dann ist das innere Sicherheit.

Pernkopf: Wie sollen Kinder aufwachsen? Soll ich meinen Kindern das Handy oder die Matador-Bausteine in die Hand geben?

Hochgatterer: Beides. Die digitale Welt hat zwar auch Schattenseiten. Aber eine Kindheit ohne digitale Welt würde heutzutage heißen, dem Kind vorzuenthalten, was die anderen Kinder selbstverständlich haben. Und das wiederum heißt, eine Blase zu schaffen oder eine Nische, die etwas völlig Artifizielles hat. Ich plädiere dafür, dass wir uns darauf verlassen, dass Kinder heute hochkompetent und kritisch im Umgang mit digitalen Medien sind. Ich sehe das täglich in meiner Arbeit. Kinder sind im Umgang mit der digitalen Welt viel kompetenter als wir Erwachsenen. Sie spüren vor allem, wo sie ihnen nützt und wo sie ihnen schaden könnte.

Pernkopf: Gewalt ist ein Thema, das früher vor allem in Zusammenhang mit Beziehungen stand. Warum war das Thema „Gewalt" in verschiedenen Formen immer wieder so gegenwärtig? Und warum ist Gewalt in den vergangenen Jahrzehnten – Gott sei Dank – zurückgegangen?

Hochgatterer: Uns allen ist es lieber, wenn Verbesserungen auf Erkenntnis und Reflexion zurückzuführen sind. Das Gewaltverbot hat zuerst in der Schule und dann in der Familie ganz viel Gutes bewirkt.

Pernkopf: Gewalt ist auch immer unter dem Deckmantel „Ordnung und Disziplin" mitgefahren.

Hochgatterer: Ja, und das wurde eben erst ab der Mitte der 70er Jahre korrigiert.

Pernkopf: Es gibt einen berühmten Satz: Um ein Kind zu erziehen, braucht es ein ganzes Dorf. Wie siehst Du die Perspektiven eines Kindes aus der Stadt und vom Land? Was ist für ein Kind das Beste aus beiden Welten?

Hochgatterer: Das ist eine Frage, die einen differenzierten Zugang braucht. Diesen Satz halte ich grundsätzlich für richtig: Es braucht mehrere Personen, um ein Kind zu erziehen.

Es sollten – abgesehen von den primären Bezugspersonen – rund um ein Kind, in zweiter und dritter Reihe, andere Personen da sein, die einfach durch ihr Vorhandensein Sicherheit geben. Sie sind da, sie nehmen eine bestimmte Rolle ein, sie verhalten sich im Wesentlichen immer gleich. Dadurch versteht das Kind nach einer gewissen Zeit, wie diese Menschen funktionieren. Das schafft Vertrauen und gibt Sicherheit. Das Dorfkonzept kann auch in der Stadt stattfinden. Wenn etwa meine Frau, die Wienerin ist, seit ihrer Geburt in der Leopoldstadt lebt, dann ist die Leopoldstadt gewissermaßen auch ihr Dorf. Also das „Dorfgefühl" – das gibt's auch in der Stadt. Meine Frau kennt zwar vielleicht die Leute auf

der Straße nicht in der Form, wie ich in meiner Kindheit die Leute in unserem Ort gekannt habe, aber manche Menschen kennt sie doch, sie kennt ihr Grätzel und sie weiß, wie das Zusammenleben dort funktioniert.

Pernkopf: Das ist ein interessanter Aspekt. Du sprichst dabei an, dass es die Funktion des Dorfes überall gibt, unabhängig vom Raum?

Hochgatterer: Klar! Die migrantischen Soziotope in Ottakring oder sonst wo in Wien, die funktionieren auch wie ein Dorf. Dorf ist ein soziales Phänomen und weniger ein Phänomen der Landschaft oder des Raumes.

Pernkopf: Ich schreibe in meinem Buch „Landleben braucht Kultur im Sinne von Weitergabe von Wissen und Können". Wie kann man für diese Weitergabe von Wissen ein Gewächshaus schaffen?

Hochgatterer: Wenn es um handwerkliche Dinge geht, ist die Weitergabe von Wissen heute möglicherweise schwierig geworden. Andererseits bin ich überzeugt davon, dass soziale Entwicklung verläuft wie ein Pendel. Auf Bewegung folgt Gegenbewegung. Momentan entwickelt sich die westliche Welt in Richtung Virtualität. Ich bin mir sicher, dass es eine

Gegenbewegung geben wird, die den Wert des Manuellen oder der Materie und auch die Lust daran wieder entdeckt. Wir alle wären manchmal vielleicht gern rein virtuelle Wesen, aber – leider oder Gott sei Dank – sind wir es nicht. Wir brauchen ein Dach über den Kopf, wir brauchen etwas zu essen und wir haben Hände, die auch gebraucht werden wollen. Momentan stehen diese Dinge nicht so sehr in Hochkonjunktur, aber ich bin ganz sicher: Das wird wieder kommen.

Pernkopf: Ein anderes Thema ist Kinderbetreuung in verschiedenen Altersstufen. Es gibt den Wunsch, dass außerhäusliche Betreuung schon für viel jüngere Kinder möglich ist. Gleichzeitig scheint mir aber, dass es immer mehr sogenannte „Helikoptereltern" gibt. Ab wann kann man Kinder in eine andere als eine familiengebundene Betreuung geben?

Hochgatterer: Das ist eine sehr wichtige Frage, weil sie unsere Beziehungs- und Bindungsfähigkeit zum Thema macht. Eine sichere Bindungsfähigkeit entwickeln Kinder in den ersten zwei bis drei Lebensjahren. Das Entscheidende ist nicht, dass Kinder ständig ihre primären Bezugspersonen zur Verfügung haben, sondern dass sie Konstanz und Verlässlichkeit erleben. Auch ein Kind, das tagsüber in der Kinderkrippe ist, entwickelt ein gesundes Beziehungsverhalten, wenn die Bezugspersonen, die vorhanden sind, sich dem Kind gegenüber Sicherheit gebend verhalten. Daher müssen wir, davon bin ich fest überzeugt, die Elementarpädagogik aufwerten.

Pernkopf: Lässt sich Empathie akademisieren?

Hochgatterer: In dem Augenblick, in dem ich die elementarpädagogische Ausbildung aufwerte, mache ich sie für Leute attraktiv, die das bisher ausgeschlossen haben. Jemand, der Jus studieren wollte, der hat bis jetzt möglicherweise Elementarpädagogik nicht in Betracht gezogen, weil: andere Wertigkeit, anderer Verdienst. Diese Leute hält man davon ab. Der gute Umgang mit den Kleinen ist nicht nur eine Frage der Intuition, sondern auch des Wissens und des Reflektierens. Es geht um beides: Empathie UND Wissen.

Pernkopf: Du hast ja auch mal gesagt, es gibt so etwas wie das Recht und Anspruch auf Gelassenheit. Beim Thema Helikoptereltern denke ich oft, dass es mehr Gelassenheit und Vertrauen bräuchte.

Hochgatterer: Bindungssicherheit ist die Fähigkeit, Urvertrauen zu entwickeln. Das geht aber nur, wenn ich Bezugspersonen habe, die mir vertrauen können. Vertrauen ist immer auch ein Phänomen der Gegenseitigkeit. Ein kleines Kind kann nur darauf vertrauen können, dass es selbst laufen kann, wenn es eine Mutter oder einen Vater hat, der ihm dieses Vertrauen auch entgegenbringt. In einem Kind, das ständig an der Hand gehalten wird, entsteht das Vertrauen nicht, dass es selbst laufen kann.

Pernkopf: Du hast einmal ein Zitat verwendet: Die erste Erfahrung, die ein Kind von der Welt macht, ist nicht, dass die Erwachsenen stärker sind, sondern dass es selbst nicht zaubern kann. Welchen Zauber sollte jedes Kind verspüren?

Hochgatterer: Den Zauber, dass die Welt der Gedanken, Fantasien und Vorstellungen gleich viel wert ist, wie das, was die Großen Wirklichkeit nennen.

Pernkopf: Du hast am Beginn der Pandemie als einer der wenigen gesagt, dass unsere Kinder da ganz gut durchkommen werden. Wie schätzt Du die Auswirkungen dieser Zeit jetzt auf die Kinder ein?

Hochgatterer: Ich bin immer noch ein Optimist, was die Resilienz der Kinder und Jugendlichen betrifft, aber ich bin nicht mehr so optimistisch, wie ich es im ersten Jahr der Pandemie war. Ich sehe tagtäglich, dass die Pandemie massive Spuren hinterlässt. Zumindest bei manchen Kindern.

Pernkopf: Gibt's da im familiären Umfeld Schwierigkeiten oder warum ist das so unterschiedlich?

Hochgatterer: Das sind meist sehr vulnerable Kinder, die wir auf Grund von Pandemiefolgen an der Klinik sehen. Das heißt, diese Kinder sind seelisch verwundbarer als andere. Die Ursachen dafür sind vielfach. Es können Kinder sein, die sozial und ökonomisch benachteiligt sind, oder Kinder, die aufgrund ihrer bisherigen psychischen Entwicklung einfach dünnhäutiger sind als andere.

Pernkopf: *Und Kinder und Krieg?*

Hochgatter: Das ist für mich das Furchtbarste überhaupt. Ein wesentlich bestimmender Faktor meiner eigenen Kindheit war der Krieg. Einerseits, weil es Erzählungen darüber gab, andererseits hat mich mit Sicherheit stark geprägt, mit Menschen zu leben, die Krieg erlebt haben. Das ist mir erst im Laufe der Jahre bewusst geworden, aber ich habe erfahren, wie sich meine Eltern, meine Tanten und Onkeln, meine Großeltern verhalten haben. Das waren zum Teil Effekte des Kriegs.

Pernkopf: *Es gibt nicht nur die materiellen Kriegsschäden, sondern auch die psychologischen.*

Hochgatterer: Die Kriegsschäden in der Psyche sind mindestens so deutlich wie die materiellen. Und ich habe immer gedacht: Krieg ist etwas, das muss ich in meinem Leben nicht mehr erfahren. Für mich war das immer eines der größten Privilegien, dass mir so etwas erspart bleibt. Jetzt dringt es vor bis an meine persönlichen Grenzen. Wenn wir jetzt schauen, dass eine junge Frau aus der Ukraine mit ihren zwei Kindern ein Quartier bekommt, dann dringt das Thema Krieg in mein Leben vor – damit habe ich einfach nicht gerechnet.

Pernkopf: *In dem Kontext stellt sich für mich auch immer die Frage nach unserem europäischen Friedensprojekt. Was ist für Dich Europa?*

Hochgatterer: Europa ist für mich vor allem die Quelle und das Haus der Aufklärung. Meine Angst ist in diesen Tagen, dass der Ruf nach Aufrüstung und Bewaffnung zu laut wird und dass man die humanistischen Ideale der Aufklärung vergisst. Ich hoffe, dass man sich möglichst bald wieder darauf besinnt, dass Waffen nicht die Lösung sind. Aufklärung und Frieden waren im letzten Jahrhundert der Grundstein für die Entwicklung Europas und das soll weiter so bleiben.

Pernkopf: *Wie wird ein Kind in Zukunft in Pension gehen? Ist die harte Trennung von Beruf und Ruhestand noch zeitgemäß? Derzeit scheint der Trend weg von „Dienst nach Vorschrift" in Richtung sinnerfülltes Arbeiten zu gehen.*

Hochgatterer: (lacht) Pension? Was ist das? Nein, im Ernst: Wir erleben, dass die jungen Menschen, die wir die Generation Y nennen, anders mit

Erwerbsarbeit umgehen, als wir das tun. Die Jüngeren schauen auf ihre Work-Life-Balance, auf Erholung, auf die eigene Gesundheit und auf ihr Wohlbefinden. Meine Generation kann das kaum. Ich würde prognostizieren, dass sich diese Entwicklung fortsetzen wird. Arbeit wird nach wie vor einen Stellenwert haben, aber vermutlich ganz anders betrachtet werden als von Seiten meiner Generation.

Pernkopf: Wie siehst Du die Ausgewogenheit bei jungen Kollegen von Work und Life?

Hochgatterer: Junge Kollegen schau ich vor allem neidvoll an, weil ich das nicht so zusammenbringe wie sie. Sie leisten total gute Arbeit, aber sie legen auch Wert darauf, dass es dieses Andere gibt in ihrem Leben. Was ich in diesem Zusammenhang spannend finde: Am Bild der Familie ändert sich eigentlich nicht viel. Fixe Partner, Kinder, Häuser, die gebaut werden – gewisse Dinge schauen nach wie vor ganz ähnlich aus. Was mir zum Thema Arbeit noch ein Anliegen ist: Es sollte nicht heißen: „Du musst länger arbeiten, sonst hast du nichts", sondern „Du darfst länger arbeiten". Ersteres wäre für mich ein Schreckensszenario für die Zukunft. Ich würde mir wünschen, dass das, was wir gelernt haben Solidarität zu nennen, auch in unserem Staat und Sozialsystem weiter besteht.

Pernkopf: Ich habe das Glück, dass ich viele gute Freunde aus der Kinder- und Jugendzeit habe. Auch durch meine politische Arbeit habe ich viele Freunde und ein großes Netzwerk: Für mich ist aber ein Netzwerk nicht verlässlich, weil das immer auf gegenseitigen Nutzen und Abhängigkeit beruht. Wie siehst Du das? Sind Freundschaften auch Netzwerke?

Hochgatterer: Einer meiner allerbesten Freunde, ein Kulturjournalist, hat zu mir vor vielen Jahren gesagt: Du, es muss dir jetzt aber schon klar sein, ab jetzt sind wir Freunde, ab jetzt werde ich keine Besprechungen deiner Bücher mehr schreiben, auch nicht, wenn ich sie gut finde. Dieses Beispiel illustriert für mich den Unterschied zwischen Netzwerk und Freundschaft. Freundschaft ist etwas, das einem zwar Nutzen bringen kann, aber die Motivation hinter Freundschaft ist niemals Nutzen.

Pernkopf: *Das Buch könnte heißen „Gespräche zwischen Metaversum und Hobelbank". Du hast vorher schon angesprochen, für Dich sind soziale Medien positiv besetzt, weil sie die Kontaktaufnahme fördern. Aber gegen diese digitale Umarmung ist doch eine feste Umarmung in der realen Welt etwas total anderes!*

Hochgatterer: Das würde implizieren, dass es entweder das Eine oder das Andere gibt. Dass das nicht stimmt, sehe ich jeden Tag: Jugendliche umarmen einander heute viel mehr, als wir das gemacht haben. Ich will nicht behaupten, dass es die digitale Umarmung ist, die das bahnt, aber ich beobachte täglich, dass sie es zumindest nicht verhindert.

Zu meinen, dass Jugendliche, die viele Kontakte über soziale Medien haben, keinen realen Kontakt haben, stimmt einfach nicht. Sie unternehmen genauso Verschiedenes miteinander und tun das meiner Wahrnehmung nach sogar in einem größeren Umfang, als wir es gemacht haben.

Pernkopf: *Zum Thema digitale Zwillingswelt. Warum versuchen manche Firmen bewusst Menschen in die virtuelle Welt zu entführen? Was kann der*

Nutzen dabei für den Menschen sein? Wo bleibt die Sinnfrage zwischen Nutzen und Geschäftemacherei?

Hochgatterer: (lacht) Mir fällt dazu ein, dass mein erster Kontakt mit dem Fernsehen der Kasperl war – jeden Mittwoch um 17.00 Uhr. Auch das Fernsehen war immer schon Geschäftemacherei. Trotzdem hatte ich meinen Nutzen aus der kleinen virtuellen Welt. Heute besitzt die Sache ganz andere Dimensionen, völlig klar, aber die Notwendigkeit einer Balance zwischen individuellem Nutzen und wirtschaftlichem Profit ist geblieben.

Die Sache mit der Geschäftemacherei sehe ich allerdings schon auch wirtschaftsskeptisch und kritisch. Das Problematische an den neuen Medien, das Suggestive oder Manipulative, ist zu 95 Prozent zurückzuführen auf Gier. Bei den anderen fünf Prozent geht es um Kontrolle, darum, den vollkommen transparenten und steuerbaren Menschen zu schaffen. Das Motiv hinter der Manipulation, die über die neuen Medien läuft, ist einfach Gier. Sprich Geld.

Pernkopf: *Du hast den Begriff der Beschleunigungsgesellschaft geprägt. Wie weit braucht unser Gehirn Freiräume zum Erholen? Ist das Handy Segen oder Geißel?*

Hochgatterer: Das Verführerische am Handy ist, dass es etwas leistet, was andere Dinge nicht so können. Im Psychojargon heißt es „unmittelbare Gratifikation". Das Handy belohnt uns in dem Augenblick, in dem wir es benützen. In erster Linie tut es das mit Information. Das ist das Verführerische, das uns alle ein Stück abhängig und vulnerable Menschen sogar wirklich süchtig macht. Inzwischen sind wir ja an einem Punkt angelangt, an dem die Belohnung schon da ist, bevor wir überhaupt etwas tun. Ich schaue auf mein Handy und die Nachrichten sind da, bevor ich sie aufgerufen habe. Das Gerät weiß schon im Vorhinein, was ich wissen will. Wir werden belohnt, bevor wir angefragt haben. Ein klassisch suchterzeugender Mechanismus, raffinierter noch als bei substanzbasierten Süchten. Das, wonach wir alle gieren, ist Information und das Handy liefert sie uns, ungefragt und pausenlos.

Pernkopf: Wenn Du Bildungsminister wärst: Was muss die Schule von morgen können?

Hochgatterer: Sie muss in erster Linie flexibler sein als heute. Flexibel auch im Umgang mit den strukturell heiligen Kühen wie der fünfzigminütigen Unterrichtseinheit. Warum unterrichtet ein Lehrer ein Jahr lang dasselbe Fach? Warum ist Schwerpunktsetzung nicht möglich, warum kann man nicht mehr Projektstrukturen einführen? Die Schule muss – zweitens – teamfähiger werden. Der Lehrberuf ist ja nach wie vor weitgehend ein Einzelkämpferberuf.

Die Schule muss außerdem multiprofessioneller werden. Die Zahl der Schulpsychologinnen und Schulpsychologen ist ja nach wie vor skandalös niedrig. Auf 10.000 Kinder kommt ein einziger Schulpsychologe. Da müsste man sich viel mehr trauen. Die Psychologie ist schließlich nicht der Feind der Schule, sondern ihr Partner.

Pernkopf: Jetzt fast eine naive Frage: Man kann ja nicht von der Schule verlangen, dass alles, was daheim nicht gelernt wird, die Schulen übernehmen?

Hochgatterer: Schule ist doch vieles. Lästige Notwendigkeit, Experimentierzone, Zufluchtsort. Manchmal ist Schule auch Schlachtfeld. Da finden nicht nur schöne Dinge statt. Kinder werden verwundet, beschädigt oder in ihren Bedürfnissen nicht erkannt. Allein um das abzufedern, brauche ich neben den rein pädagogischen, auch andere Strukturen. Und noch viel wichtiger: Schule ist ein Projektionsfeld. In der Schule werden Dinge sichtbar, die ihren Ursprung anderswo haben, aber dort erst beleuchtet werden. Daher braucht es im System Schule Leute, die diese Dinge erkennen und gegebenenfalls gegensteuern.

Pernkopf: Wie weit darf eine Bildungsverweigerung gehen? Ich würde beispielsweise bei den Interessenten des Medizinstudiums nicht 90 Prozent das Studium verweigern. Meine Vision ist, dass Österreich viel mehr Ausbildungsplätze für Ärzte schafft und Ärzte aus Österreich zu einem Exportschlager werden.

Hochgatterer: Ja, wir sollten viel großzügiger sein. Das ist auch eine Frage simpler Mathematik. Wenn man sich die Altersstruktur der Ärzte und nur das deutschsprachige Umfeld anschaut, weiß man, dass kein Arzt, der in Österreich in den nächsten Jahren fertig wird, irgendein berufliches Problem haben wird. Alle werden einen Platz finden – in der Schweiz, in Deutschland, hoffentlich auch in Österreich. Ich bin dafür, dass man die Studienplätze im öffentlich finanzierten Bereich deutlich aufstockt. Man muss nicht alles den Privatuniversitäten überlassen und damit nur den Leuten, die sich das leisten können.

Pernkopf: Ich selber bin in Vereinen groß geworden. Was ist die größte Motivation für Jugendliche für das Engagement? Wie können wir Jugendliche wieder mehr für das Ehrenamt motivieren?

Hochgatterer: Einer der stärksten Wirkmechanismen in der menschlichen Entwicklung ist Identifikation. Wo es Beispiele gibt – Vorbilder, Mentoren – ist die Attraktivität sofort wesentlich höher. Wenn ich junge Leute zur Feuerwehr bringen möchte, muss ich vor allem dafür sorgen, dass schon ein paar andere junge Menschen dort sind. Damit steigt die Motivation sofort.

Ein kleines Beispiel aus meiner eigenen Kindheit. Bei uns in Blindenmarkt wurde seinerzeit eine Jugendblasmusikkapelle gegründet. Hätten wir damals nicht andere Jugendliche, sondern nur die Senior-Musikanten an der Klarinette oder am Bassflügelhorn vor Augen gehabt, die in der existierenden Kapelle gespielt haben, wäre keiner von uns hingegangen.

Pernkopf: In meinem Buch wird es auch ein Kapitel zum Thema Heimat und Horizont geben. Und dabei spielt Tradition eine große Rolle. Was ist Tradition für Dich?

Hochgatterer: Tradition ist das Wissen um die eigenen Wurzeln.

Pernkopf: Welche Vorteile hat das Landleben im Vergleich zu vor drei Jahren?

Hochgatterer: Mir ist in der Pandemie der Wert meines Nebenwohnsitzes am Land bewusst geworden. Eine Zuflucht zu haben, einen Rückzugsort, ist manchmal ungeheuer wertvoll.

Pernkopf: Was muss sich gesellschaftspolitisch ändern, was soll bleiben?

Hochgatterer: Ich denke, vor allem sollten wir unser Gemeinschaftsgefühl nicht verlieren. Das heißt, dass die Starken für die Schwachen da sind, die Reichen für die Armen, die Privilegierten für die Benachteiligten, diejenigen, die ein Zuhause haben, für die, die keins haben. Ob man zu dieser Haltung Mitmenschlichkeit sagt, Nächstenliebe oder Solidarität, ist vollkommen egal. Hauptsache, sie ist da.

Holz: Birne
Länge: Langstiel

Werkstattgespräch mit Michael Landau

„Hinter einer Dorfgemeinschaft steht keine großartige Theorie, sondern ein grundlegendes menschliches Bedürfnis: Den Alltag gemeinsam leben, den Lebensweg gemeinsam gehen und nach Möglichkeit niemanden zurücklassen."

Michael Landau wurde als Sohn gemischtkonfessioneller Eltern geboren und besuchte von 1970 bis 1978 ein Naturwissenschaftliches Realgymnasium in Wien. Während seiner Schulzeit war er Gewinner der Österreichischen Chemie-Olympiade. Danach studierte und dissertierte er an der Universität Wien im Fach Biochemie und promovierte an der Päpstlichen Universität Gregoriana in Rom in katholischer Theologie. 1992 wurde Michael Landau zum Priester geweiht. Seit 1995 ist er Direktor der Caritas der Erzdiözese Wien, seit 2013 Präsident der Caritas Österreich und seit 2020 Präsident der Caritas Europa, einer der sieben Regionen des weltweiten Dachverbands der Caritas Internationalis.

Pernkopf: Corona hat einiges auf den Kopf gestellt und jetzt kommt auch der Ukraine Krieg noch dazu. Das hat bei mir persönlich viele Fragen aufgeworfen. Du bist in Wien, ich bin in einem Dorf aufgewachsen. Für mich ist der Zusammenhalt im Dorf ein wichtiges Gut. Ich habe ein Zitat von Dir gelesen, das zur „Risikogemeinschaft Dorf" passt. Du sagst: „Wir tragen als Menschen natürlich Verantwortung für uns selbst. Aber wir haben auch Verantwortung füreinander, weil es uns nur miteinander gut gehen kann. Es geht darum, Lebensrisiken, die den Einzelnen überfordern, gemeinsam zu tragen." Ist das Dorf ein Ort, wo man das leben kann?

Landau: Zunächst bin ich davon überzeugt, dass wir einander als Menschen brauchen. Allein schon von unserem Wesen her. Alle Dinge, die uns wesentlich ausmachen, lernen wir von anderen. Schon die Sprache bringt sich keine und keiner selbst bei. Wir lernen das Sprechen von anderen Menschen, mit denen wir aufwachsen. Das heißt: Ohne ein Du wird keiner zum Ich. Wir brauchen einander wesentlich. Das zeigt sich nicht zuletzt während der Pandemie und jetzt mit dem Phänomen zunehmender Einsamkeit. Es gab diese stille Not der Einsamkeit schon vorher, aber durch die Pandemie ist diese Not vielfach größer, aber auch ein Stück weit sichtbarer geworden. Ich denke, das ist eine der Nöte, denen wir uns auch als Gesellschaft viel deutlicher stellen müssen, weil sie viele Menschen, jung wie alt, betrifft. Wir versuchen als Caritas Österreich praktische Antworten auf diese Not zu geben. Beispielsweise mit dem „Plauderbankerl" in der Diözese St. Pölten, mit dem Caritas-Plaudernetz als österreichweite Hotline gegen die Einsamkeit, oder mit den Klimaoasen, wo Pfarren ihre Gärten öffnen und Menschen zusammenkommen, ausruhen, aber auch ein Stück Gemeinschaft erfahren können. Für mich hat das ganz zentral mit der Aufmerksamkeit füreinander zu tun, der Achtsamkeit, wie es der Nachbarin, dem Nachbarn geht. Aber wir können auch von anderen Ländern lernen, etwa, wenn es um so etwas wie einen Pakt gegen die Einsamkeit geht.

Ich glaube, das ist es auch, was Österreich groß gemacht hat: Die Bereitschaft zusammenzustehen, anzupacken und auf die Schwächsten nicht zu vergessen. Und ich bin überzeugt: Genau diese Haltungen sind auch im Blick nach vorne wichtig. Die Bereitschaft zum Zusammenhalt und eine Grundmelodie der Hoffnung und der Zuversicht. Auch und gerade in Zeiten wie jetzt.

Und auch da spielt mein Gegenüber, das Du, immer auch eine wichtige Rolle. Im Gespräch mit anderen kann ich auch so etwas wie Ermutigung erfahren. Ich mache es an einem konkreten Beispiel fest: Ich bin selbst seit vielen Jahren Seelsorger in einem unserer Seniorenhäuser. Unsere Damen und Herren dort haben das einmal im Blick auf die Corona-Pandemie so ausgedrückt: „Wir haben schon so viel erlebt und überlebt. Das werden wir auch noch bewältigen." Das heißt es wird der Tag kommen, an dem wir auf die heutige Zeit zurückblicken werden – auf die Pandemie oder etwa auch den Krieg in der Ukraine. Ich möchte dafür werben, dass wir an diesem Tag sagen können, dass wir unser Bestes gegeben haben – gemeinsam.

Diese Verwiesenheit aufeinander ist für den Menschen wesentlich. Aus höherer Flughöhe betrachtet, ist aber nicht selbstverständlich, dass dieser Zusammenhalt auch gelebt wird. Nichts ist selbstverständlich – weder Frieden, noch Rechtsstaatlichkeit, noch Demokratie. Das zeigt sich gerade jetzt dramatisch. Es liegt an jeder und jedem Einzelnen von uns, wie wir zusammenleben. Die Unmittelbarkeit von Dorfgemeinschaft hat hier ein Stück weit einen Startvorteil. Vor ein paar Jahren gab es die soziale Dorferneuerung, eine Initiative hier in Niederösterreich. Nachdem die Dörfer wunderschön geworden sind, ging es um die Frage: Was können wir tun, damit das Zusammenleben auch hinter den Fassaden gut gelingt? Das heißt, das gute Miteinander ist kein Selbstläufer. Ich bin davon überzeugt, dass sich das Ringen um Gemeinschaft lohnt. Das können wir im Ländlichen Raum, vor allem mit den vielen Vereinen und fest verankerten sozialen Infrastrukturen, ganz hautnah erleben und selbst mitgestalten.

Pernkopf: Ist ein Dorf und ein Grätzel für Dich sinngemäß dasselbe?

Landau: Ich glaube, das kann etwas Ähnliches sein. Da wie dort muss man sich die Frage stellen: Was befördert denn den Zusammenhalt, was befördert die Aufmerksamkeit füreinander, was die Achtsamkeit? Das braucht eine bewusste Kultivierung und geschieht beispielsweise in den Pfarrgemeinden, in Beziehungen und Einrichtungen. Für mich sind Pfarren so etwas wie die Nahversorger für die Seele. Hier geschieht ungeheuer viel Gutes, oft im Verborgenen. Ohne dieses Netz der Nächstenliebe wäre unser Land um vieles ärmer und um vieles kälter.

Ich weiß von unseren Caritas-Einrichtungen beispielsweise im Retzer Raum ebenso, wie wichtig für sie die lokalen Vereinsstrukturen sind. Unsere Bewohnerinnen und Bewohner in Retz aus dem Bereich Menschen mit Behinderungen, nehmen an sehr vielen Vereinstätigkeiten teil, vom Eisstockschießen auf- und abwärts. Und da sind sie wirklich gut. Für mich ist das eine Musterregion, in der Inklusion gelebt wird, unsere Bewohnerinnen und Bewohner gehören einfach dazu. So wie etwa in „Obenauf" in Unternalb, einer kleinen Frühstückspension, die wir mit unseren Klientinnen und Klienten führen – mit Menschen, die ganz wunderbare Gastgeber sind. Sie zeigen, was sie können, ihre Stärken, und das ist wirklich ein Platz zum Wohlfühlen.

Die Achtsamkeit füreinander ist in einer sich dauernd verändernden Welt auch ein Stück Arbeit gegen die Schwerkraft. Einsatz, Leistung, Erfolg, all das ist wichtig für Österreich, Europa und für die Menschen. Aber zugleich hat kaum einer von uns das Lebensziel, einmal der oder die Reichste auf dem Friedhof zu sein. Wenn wir am Ende unseres Lebens zurückschauen, werden wir unseren Blick auf andere Dinge richten. Wir werden vor der Frage stehen, ob wir aufeinander geachtet haben, ob wir füreinander dagewesen sind, ob es uns gelungen ist, wirklich als Mensch zu leben. Und ich denke, es ist jeder Tag ein guter Tag, um ein Stück weit damit anzufangen.

Pernkopf: Ich schreibe in meinem Buch auch über Zusammenhalt in Dörfern. Inwieweit ist dieses „Aufeinander schauen" Aufgabe des Staates und wie weit ist das unsere Aufgabe und Eigenverantwortung?

Landau: Zwei Strukturprinzipien der kirchlichen Soziallehre sind hier ganz essenziell, nämlich Solidarität und Subsidiarität. Was die kleinere Einheit allein und gut bewältigen kann, das soll nicht von der größeren Einheit übernommen werden. Zugleich ist klar: Die großen Risiken können wir nur gemeinsam tragen. Das ist der Grundgedanke jedes Versicherungssystems. Lebensrisiken, die den Einzelnen, die Einzelne überfordern, kann die Gemeinschaft gemeinsam tragen. Darüber hinaus ist dabei für mich die Überzeugung zentral, dass jeder Mensch gleich in seiner Würde ist, vom behinderten Kind bis zum sterbenden Greis und dass es darum gilt, niemanden zurückzulassen.

Es braucht eine gute Balance von beidem: Individuelle Solidarität, die Achtsamkeit von Menschen füreinander, offene Augen dafür, wie es der Nachbarin oder dem Nachbar geht. Aber es braucht auch strukturelle So-

lidarität. Man muss sich fragen: Wie gestalten wir unser Zusammenleben, so, dass alle eine faire Chance haben?

Was Österreich auszeichnet, ist ein guter Grundwasserspiegel der Nächstenliebe und Solidarität. Das war schon vor Ausbruch des Kriegs in der Ukraine zu spüren, etwa bei der „youngCaritas", oder der „Pfarrcaritas", und das ist jetzt während dieser Krise noch viel intensiver wahrnehmbar geworden. Gleich nach der aktuellen Invasion haben sich viele Freiwillige gemeldet. Wir waren zuvor schon eine große Trägerorganisation von Freiwilligenarbeit. Aber auf unserer Plattform „Füreinander" haben sich noch einmal mehr als 20.000 Menschen gemeldet, die an uns herangetreten sind und gesagt haben: „Wenn ihr uns braucht, wir sind bereit mitzutun!" Es gibt eine große Hilfsbereitschaft in Österreich; das ist etwas Kostbares, das wir deutlich mehr stärken müssen. Eine Gesellschaft lebt ja ganz wesentlich von Menschen, die mehr tun als nur ihre Pflicht. Menschen, die einfach aufeinander achten und füreinander da sind.

Pernkopf: Eine Nachfrage dazu: Du hast ja auch gesagt „Der wahre Schlüssel zu einem geglückten Leben liegt nicht darin, sich nur um das eigene, sondern gerade auch um das Glück der anderen zu sorgen." Heißt das, man sollte Solidarität üben, um sich selbst glücklich zu machen?

Landau: Aus Gesprächen mit Freiwilligen und sehr vielen Menschen, die sich für andere engagieren, höre ich: „Wir bekommen selbst so viel wieder zurück aus den Begegnungen." Diese Achtsamkeit füreinander verändert beide Seiten. Sie hilft denen, die vielleicht in einer schwierigen Phase ihres Lebens sind und eben nicht allein gelassen sind, sondern Begleitung und Unterstützung erfahren. Aber sie hilft auch denjenigen, die helfen, ihr eigenes Menschsein noch intensiver zu erfahren und als ein geglücktes Leben zu führen.

Wir sind als Menschen Beziehungswesen. Solidarität heißt da für mich auch: Wir sind in eine Schicksalsgemeinschaft hineingeboren, aus der keine und keiner ausgeschlossen werden kann, aus der aber auch keiner und keine sich davonstehlen darf. Es geht letztlich um die Empathiefähigkeit des Menschen, die Bereitschaft, ein Stück vom anderen in sich selbst und sich selbst auch ein Stück weit im anderen zu erkennen. Das fängt im Kleinen mit der Bereitschaft an, an der Tür eines anderen Menschen zu klopfen und zu schauen, wie es dem Anderen, der Andren geht. Ein Lächeln, ein gutes Wort, ein Zeichen der Nähe, all das kann einen großen Unterschied machen.

Eine biblische Schlüsselerzählung ist für mich hier die Geschichte vom barmherzigen Samariter: Veränderung fängt mit dem Hinsehen an, mit der Bereitschaft hinzusehen und nicht wegzusehen und sich von dem, was man sieht, auch im Inneren anrühren zu lassen. Eine Kurzformel von Caritas lautet: „Not sehen und handeln." Ich erlebe das bei den vielen freiwilligen Kochgruppen in unseren Häusern oder auch bei engagierten Unternehmen, die im Caritaszentrum Gruft für obdachlose Menschen mitarbeiten. Ich sehe das, wenn Menschen aus der Ukraine fliehen müssen und von Familien in Hollabrunn, in Röschitz, oder anderen Gemeinden wunderbar aufgenommen wurden. Das ist spürbar, wo Menschen einfach da sind für andere, weil es nötig ist und zum Menschsein gehört. Manche unserer großen Caritas-Projekte haben ganz klein begonnen, mit einer Schulklasse oder mit einer Elterninitiative. Es kommt immer auf einzelne Menschen an.

Hinter einer Dorfgemeinschaft steht keine großartige Theorie, sondern ein grundlegendes menschliches Bedürfnis: Den Alltag gemeinsam leben, den Lebensweg gemeinsam gehen und nach Möglichkeit niemanden zurücklassen. Weil wir selbst unseren eigenen Weg froher und glücklicher gehen, wenn wir ihn nicht allein gehen müssen, sondern in der Geborgenheit der Gemeinschaft.

Pernkopf: Da darf ich zum Thema Familie nachfragen. Familie hat auch in der Pflege und der Seelsorge eine tragende Rolle. Wie wichtig ist Familie heute noch? Schieben wir manche Verantwortungsbereiche nicht schrittweise auf den Staat und Pflege-Organisationen ab?

Landau: Familie ist meines Erachtens etwas ganz Entscheidendes im Leben. Für mich ist mein Bruder ein ganz wichtiger Mensch. Wir haben als Kinder viel gestritten, aber heute bin ich unendlich glücklich und dankbar dafür, dass es ihn gibt. Familie ist ein Ort, wo man zumindest im Idealfall etwas von der Bedingungslosigkeit der Liebe spüren kann. Kinder sind um ihren Selbstwillen liebenswürdig, nicht, weil sie etwas Besonderes geleistet haben oder getan haben, sondern weil sie einfach da sind.

Als Christ bin ich überzeugt davon, dass das auch die Weise ist, wie uns Gott begegnet – mit einer bedingungslosen, mütterlichen Liebe. Seine Zuneigung geht jeder unserer Leistungen voraus. Gleichzeitig sind Familien auch ein erster Ort der Verantwortung. Familie kann dabei herausfordernd und schwierig sein. Auch das weiß ich. Aber mein Bruder und ich haben in der Familie wesentliche Dinge fürs Leben gelernt. Wir haben gelernt und versucht, möglichst nicht im Streit schlafen zu gehen. Die Sonne nicht über dem Zorn untergehen zu lassen – das halte ich persönlich für etwas sehr Wichtiges. Zu versuchen, möglichst alle Streitereien zu beseitigen. Als Kinder haben wir gelernt, dass wir so leben sollen, dass man sich auch am Abend in den Spiegel schauen kann und sich dabei nicht genieren muss. Oder auch, dass es sich gehört, sich um die zu kümmern, denen es nicht so gut geht. Kinder lernen hier Wesentliches von ihren Eltern und Großeltern.

Du hast den demographischen Wandel und das Thema Pflege angesprochen. Ja, viel wurde und wird in der Familie geleistet. Die Angehörigen sind der größte Pflegedienst Österreichs. Gleichzeitig verändern sich die familiären Strukturen, und der demographische Wandel ist insgesamt eine der ganz großen Herausforderungen für Österreich und für Europa. Die generationenübergreifenden Begegnungen werden weniger, dabei sind die sehr wichtig. Das ist einer der Gründe, warum wir Senioren- und Pflegehäuser mit Kindergärten integrieren. Weil es den Kindern guttut, mit alten Menschen zusammen zu sein und weil es den Alten guttut, wenn sie Kinder um sich haben.

Die Angehörigen wirksam zu entlasten und sie zu begleiten, wird eine große Aufgabe sein. Ein Beispiel ist der Austausch in Selbsthilfegruppen, wie den „Demenzcafés". Dementielle Erkrankungen werden zunehmend eine Herausforderung. Kaum eine Erkrankung ist für die Angehörigen so belastend, wie eine demenzielle Erkrankung. Immer wieder geht es darum, die Angehörigen zu ermutigen, Entlastungsangebote in Anspruch zu nehmen. Und da ist es wichtig, dass die Angebote so nah als möglich an den Menschen sind. In Krumbach in der Buckligen Welt haben wir zum Beispiel eine kleine Einrichtung, die gut im Ort integriert ist und wo die Menschen im Leben integriert sind. Und das ist auch ein Ziel: Das Leben in die Häuser hinein zu holen und auf diese Weise deutlich zu machen, dass auch dieses letzte Wegstück ein wichtiges Stück Leben ist. Das heißt, wenn ich an die Praxis täglicher Caritasarbeit denke, dann weiß ich, wie wichtig die Familien sind, die mobile und die stationäre Pflege, da hat sich sehr viel sehr positiv weiterentwickelt, aber auch die Palliativ- und Hospizversorgung. Wir sind in diesem Bereich als Caritas eine Pionierorganisation, in guter Zusammenarbeit auch mit dem Land Niederösterreich, weil wir überzeugt sind, dass zu einer Kultur des Lebens auch eine Kultur des Sterbens gehört und dass im Sinne von Kardinal Franz König Menschen

an der Hand eines anderen Menschen sterben sollen und nicht durch die Hand eines anderen Menschen.

Pernkopf: Ich weiß, dass Du seit Jahren beherzt dagegen ankämpfst, dass verwertbare Lebensmittel nicht im Müll landen. Das Thema „Wegwerfgesellschaft" geht noch darüber hinaus. Was kann man tun, um hier eine gesamtgesellschaftliche Trendwende einzuleiten?

Landau: Wir haben vor einigen Jahren das Projekt „Leo" begonnen. „Leo" steht für Lebensmittel und Orientierung. Das ist ein pfarrgestütztes Projekt, das armutsgefährdete Menschen mit günstigen Lebensmitteln unterstützt, ähnlich den Caritas-Sozialmärkten und den verschiedenen Tafeln, wo es aber auch um Rat, um Orientierung geht, damit nach Möglichkeit ein Ausstieg aus der Armutsspirale gelingt. Ziel ist ja immer ein möglichst selbstbestimmtes und selbstverantwortetes Leben. Da steht die Überzeugung dahinter, dass Lebensmittel in den Magen gehören und nicht in den Müll. Hier geht es um die Wertschätzung gegenüber der wichtigen Arbeit der Bäuerinnen und Bauern. Da haben wir auch immer wieder erfolgreiche Kooperationen. Zugleich fängt Verantwortungsbewusstsein damit an, dass wir unsere eigenen Konsumgewohnheiten kritisch reflektieren, unsere Einkaufsgewohnheiten beobachten.

Darüber hinaus geht es um Recycling und Upcycling. In Vorarlberg gibt es etwa eine hervorragende Zusammenarbeit der Caritas mit dem Gemeindeverband, wo beispielsweise ein „Re-Use-Truck" unterwegs ist, der alte Elektrogeräte einsammelt, die dann einer sinnvollen Weiterverwendung zugeführt werden können. Ein anderes tolles Beispiel ist die Ö3 Wundertüte, die große Handysammelaktion im Rahmen von „Licht ins Dunkel". Diese ist dreifach nützlich: Sie leistet Hilfe für Familien in Not aus dem Erlös, den auch alte Mobiltelefone generieren, sie gibt Menschen Arbeit, weil sie zugleich ein Projekt für langzeitarbeitslose Menschen darstellt, und nicht zuletzt wird auf diese Weise versucht, die seltenen Erden, die in unseren Smartphones verbaut sind, wieder zu verwenden und so Ressourcen zu schonen. Das ist sozial und ökologische sinnvoll.

Und ich denke, es wird insgesamt im Blick nach vorne wichtig sein, ökologische und soziale Maßnahmen enger miteinander zu vernetzen. Kreislaufwirtschaft zu fördern ist da mehr als sinnvoll, und auch Regionalität ist ein wichtiges Thema. Die unterschiedlichen Krisen hängen ja auch eng miteinander zusammen. Papst Franziskus betont das immer wieder. Die Klimakrise trifft jene am meisten, die diese Krise am wenigsten verursacht haben. Und das gilt auch bei uns. Verbesserungen in Haushalten beim Heizen oder Isolieren sind meist für sozial benachteiligte Menschen schwieriger umzusetzen. Hier mit Beratung und Gerätetausch aktiv zu unterstützen und so auch der Klimakrise etwas entgegensetzen, ist ökologisch und sozial nachhaltig.

Pernkopf: Wie kann die Digitalisierung mithelfen?

Landau: Im Zuge der Pandemie haben wir einen nicht ganz freiwilligen Digitalisierungsschub hinter uns gebracht. Da hat sich sehr viel, sehr schnell entwickelt. Das gilt für den Bereich der Verwaltung, aber etwa auch, wenn ich an unsere Caritas-Lerncafés denke, die wir sehr rasch auf „Ferncafés" umstellen konnten, um Kinder, die einen schwierigeren Start ins Leben hatten, auch weiterhin gut zu begleiten. Die Lerncafés sind ja eine wirkliche Erfolgsgeschichte: Mehr als 95 % der Kinder, die ein Lerncafé besuchen, schließen dann das Schuljahr auch positiv ab, und das ist ein enormer Gewinn für jedes einzelne Kind, aber auch für die Gesellschaft insgesamt.

Der Krieg in der Ukraine und die auch, aber nicht nur, damit zusammenhängenden Energiefragen, die jetzt viele Menschen in eine schwierige Situation bringen, sind sehr präsent, wenn ich etwa an unsere Sozialberatungsstellen denke. Die Kosten rund um Heizen, Wohnen, Energie, das beschäftigt sehr viele Menschen. Ich bin zuversichtlich, dass wir auch aus dieser Krise gut herauskommen und zugleich ein Schub in Richtung Ökologisierung geschehen kann. Die Umstellungen, die wir leisten müssen, um der Klimakrise entgegenzuwirken, müssen wir nun gezwungenermaßen schneller leisten, als sie geplant waren, und wir müssen sie vor allem auch sozial verträglich ausgestalten.

Pernkopf: *Jetzt sind wir mittendrin beim Thema Ukraine. Du hast mir erzählt, dass Du vor Kurzem in der Kontaktzone warst. Konntest Du Dir das jemals vorstellen, dass Du so etwas erlebst? Vor allem in Deiner Funktion als Präsident der Caritas Region Europa. Auch die Ukraine gehört zu Europa, war das jemals für Dich denkbar?*

Landau: Wer die Bilder aus der Ukraine gesehen hat, der weiß: Dieser Krieg ist eine Niederlage für die Menschlichkeit und für die Menschheit. Die Antwort darauf kann nur eine rasche, wirksame und koordinierte Hilfe sein – in der Ukraine, in den Nachbarländern, und hier bei uns. Wir haben von Anfang an auch sehr klar gesagt, dass diese Hilfe einen langen Atem brauchen wird. Das ist kein Sprint, das ist ein Marathon. Aber wenn es in der schwierigen Situation eine positive Botschaft gibt, dann die über die Hilfsbereitschaft in unserem Österreich. Die Hilfsbereitschaft ist extrem groß, und das war und ist sehr beeindruckend. Wir sind seit 30 Jahren als Caritas in der Ukraine aktiv und es ist für mich auch persönlich bewegend, was die Mitarbeiterinnen und Mitarbeiter dort derzeit leisten. Die Caritas Mitarbeiterinnen und Mitarbeiter nützen Gefechtspausen, um hinauszugehen und Menschen zu versorgen, die sonst unversorgt wären. Die Caritas Ukraine ist im ganzen Land aktiv, schon vor dem akuten Kriegsausbruch mit rund 1.000 Mitarbeiterinnen und jetzt sind nochmals tausende dazugekommen, vor allem auch Freiwillige. Wenn wir mit den Verantwortlichen Video-Austausch haben, dann melden sie sich manchmal aus einem Bunker oder Luftschutzkeller, aber immer mit einer klaren Botschaft: „Wir bleiben hier, wir werden gebraucht, wir fokussieren auf unseren Auftrag und die konkrete Hilfe." Wir versuchen hier als Caritas Österreich, aber auch als Region Europa, koordiniert und rasch zu unterstützen, auch in Polen oder Ungarn, wo die Caritasorganisationen hervorragende Arbeit leisten, oder in der Republik Moldau, einem Land, das selbst zu den ärmsten Ländern Europas zählt und jetzt nochmals massiv gefordert ist.

International fallen einem zugleich die vergessenen Kriege und humanitären Katastrophen etwa im Jemen oder in Äthiopien ein, wo beispiels-

weise die Caritas Polen und auch die Caritas Vorarlberg weiterhin helfen. Das ist ja eine der Stärken eines weltweiten Netzwerks, dass wir die Kräfte bündeln können, und das hat auch in Österreich gute Tradition.

Wir haben im vergangenen Jahr 100 Jahre Caritas begangen. Auch wenn es kein Jahr zum Feiern war. Das verbindet uns mit dem Ursprung: Auch die Nachkriegszeit 1920/21 war geprägt von existenzieller Not. Auch damals ging es darum, eine warme Mahlzeit oder einen Platz zum Schlafen zu bekommen. Und die Caritas war da und hat geholfen. Diese Geschichten kann man weiterschreiben über den Ungarnaufstand, den Prager Frühling, bis hin zu den Balkankriegen. Ich denke auch an die dramatische Not der Menschen aus Syrien oder dem Libanon, wo sich das Land derzeit in einer extrem schwierigen humanitären Situation befindet, abseits der Weltöffentlichkeit. Und wir sind jetzt in der Ukraine gefordert, der größten humanitären Katastrophe in Europa, seit dem Zweiten Weltkrieg. Aber im weltweiten Kontext vieler Krisen dürfen wir auch die Not nicht vergessen, die es bei uns nach wie vor gibt. Ich sehe das in den Sozialberatungsstellen etwa im Gefolge der Coronakrise, die für viele Menschen längst auch zu einer sozialen Krise geworden ist. Es kamen und kommen vielfach Mensch zu uns, die nie gedacht hätten, dass sie einmal Hilfe der Caritas annehmen müssen. Heizen, Wohnen, Energie, das beschäftigt zunehmend mehr Menschen auch in unserem Land. Die Situation langzeitarbeitsloser Menschen, aber auch von Alleinerzieherinnen und kinderreichen Familien, all das sind Themen, wo wir gefordert sind.

Es geht uns dabei nicht zuletzt darum, Menschen zu begleiten – in einer Weise, dass sie nach Möglichkeit rasch wieder auf ihren eigenen Beinen stehen können – Hilfe zur Selbsthilfe eben. Dahinter steht ein Menschenbild, bei dem jeder Mensch für sich, aber wir als Gemeinschaft auch füreinander verantwortlich sind. Eigenverantwortung und Verantwortung füreinander, darum geht es. Und die Überzeugung, dass die Gerechtigkeit einer Gesellschaft nicht zuletzt daran Maß nimmt, wie in dieser Gesellschaft mit den Menschen an den Rändern umgegangen wird.

Pernkopf: Wie stehst Du zur Sicherheitsarchitektur in Europa?

Landau: Österreich und andere Länder in Europa haben damit begonnen, ihr Militär zu stärken. Das ist nachvollziehbar und richtig, aber ich würde gerne drei wesentliche Ergänzungen machen:

Erstens: Die militärische Aufrüstung darf nicht zur sozialen Abrüstung führen.

Zweitens: Zu einem umfassenden Friedens- und Sicherheitsbegriff gehören auch eine robuste Entwicklungszusammenarbeit und gestärkte Katastrophenhilfe. Beides müssen wir ausbauen, gerade angesichts länger dauernder Krisen. Und klar ist heute schon: Der Krieg in der Ukraine treibt die Getreidepreise in die Höhe, was zu mehr Hunger in der Welt führen wird. Hier wird auch Europa seinen Einsatz verstärken müssen.

Drittens: Krieg ist immer eine Niederlage. Ich bete dafür und appelliere, auf den Weg der Diplomatie zurückzukehren. Im Sinn von Papst Franziskus: Wir müssen den Krieg aus der Menschheitsgeschichte entfernen, bevor der Krieg uns als Menschheit aus der Geschichte entfernt.

Wovon ich überzeugt bin: Antworten auf die großen Fragen der Zeit werden nur gemeinsam gelingen, und ich bin sehr sicher, dass wir auf diesem Weg mehr und nicht weniger Europa brauchen werden.

Die deutschen Bischöfe haben einmal sinngemäß so gesagt: „Wir handeln heute wirtschaftlich global, politisch multilateral, moralisch und ethisch aber erstaunlich provinziell." In einer zusammenwachsenden Welt braucht es auch eine Globalisierung des Verantwortungsbewusstseins. Die aktuelle Situation mit der Covid-Krise und der Krieg in der Ukraine erinnern uns daran. Klar ist: Wir werden aus beiden Krisen verändert hervorgehen. Ob zum Guten oder zum Schlechten liegt auch an uns. Und es kommt dabei auf jeden und jede Einzelne von uns an.

Pernkopf: In einem Werkstatt-Gespräch mit der Künstlerin Julia Lachers-torfer haben wir viel über Frauenbilder und die Rolle der Frau gesprochen. Sie sagt: „Frauen am Land sind stille Heldinnen. Und sie werden erst dann zu sichtbaren Heldinnen, wenn wir gesellschaftlich und strukturell anerkennen, dass sie permanent unbezahlte Care-Arbeit verrichten."
Wie siehst Du die Rolle der Frau, bei Care Arbeit, am Land, aber auch in der Kirche? Sind Frauen stille Heldinnen, die wir sichtbar machen müssen?

Landau: Wir müssen die gesellschaftlichen Leistungen von Frauen sichtbarer machen. Aber das allein reicht nicht, es muss um eine wirkliche Gleichberechtigung gehen. Corona hat nochmal deutlich gemacht, dass Frauen vielfach in systemrelevanten Bereichen arbeiten. Auch in der Kirche. Wo wäre die Kirche ohne starke Frauen?

Ich sehe in unseren Einrichtungen, dass Frauen im Alter ein höheres Armutsrisiko haben, was mit den niedrigeren Einkommen und fehlenden Versicherungszeiten zusammenhängt. In die Sozialberatung kommen auch oft kinderreiche, alleinerziehende Frauen aus einkommensschwachen Haushalten. Und oft sind es Frauen, die sich einfach darum kümmern, dass es irgendwie mit der Familie in einer schwierigen Lebenssituation weitergeht.

Das gilt auch international. Frauen sind oft „agents of change". Wenn ich unsere Mikrokreditprogramme oder die internationale Entwicklungszusammenarbeit ansehe, sind es sehr oft Frauen, die wichtige Fortschritte ermöglichen. Mikrokreditprogramme funktionieren besser, wenn man sie nicht mit Männern macht, sondern mit einer Gruppe von Frauen, die sich gemeinsam kümmern, und das meist verlässlicher machen als Männer. Papst Franziskus stärkt bei der aktuellen Reform der Kurie, das heißt der Vatikanischen Behörden, übrigens einerseits die Regionalität und andererseits die Rolle der Laien, insbesondere der Frauen. Das heißt, es tut sich einiges, auch wenn es natürlich noch Luft nach oben gibt. Und auch bei uns als Caritas verändert sich viel. Als ich begonnen habe, hatten wir keine Caritas-Direktorin. Ab dem Sommer dieses Jahres werden wir drei Direktorinnen haben. Wir haben eine Generalsekretärin, die das Büro der Caritas Österreich leitet. Und ich bin auch persönlich und aus der Erfahrung überzeugt, dass gemischte Teams bessere Leistung erbringen – dieses Mehr an Diversität uns also auch objektiv guttut.

Pernkopf: Ich finde es gut, dass auch der Papst und die kirchlichen Institutionen in diese Richtung denken. Ich selbst habe mir erst letzten Sonntag in der Kirche die Frage gestellt, wer meiner Tochter verbieten kann Priesterin zu werden? Wie stehst Du zu dieser Frage, wird sie es noch erleben, dass Frauenpriestertum akzeptiert wird?

Landau: Wenn es dem Willen Gottes für seine Kirche entspricht, kann es möglich sein.

Pernkopf: Ich habe den Glauben von meinen Eltern mitgenommen. Die Kirche kann ich aus beruflicher, aber auch aus menschlicher Sicht beurteilen. Aus beruflicher Sicht wünsche ich mir eine starke Kirche, weil das heißt für mich auch ein starkes Dorf. Eine schwache Kirche heißt ein sterbendes Dorf. Die Kirche stellt sehr stark die Liturgie in den Mittelpunkt und der Priestermangel wird durch Pfarrzusammenlegungen ausgeglichen. Für mich sind Pfarren Kristallisationspunkt – Jungschar, Ministrieren, Brauchtum, Fasten. Warum wertet man nicht beispielsweise die Diakone auf? Du nennst die Pfarren „Nahversorger für die Seele". Könnte man mit der Aufwertung der Diakone dem Priestermangel entgegenwirken und das Pfarrleben lebendiger machen?

Landau: Das sind die Themen, die wir besprechen müssen. Ich sehe in der aktuellen Synode die Möglichkeit, dass diese Fragen zur Sprache kommen. „Synode" heißt miteinander unterwegs sein, aufeinander hören und achten, gemeinsam gehen, aufmerksam für die Zeichen der Zeit sein. Für mich ist Kirche vor allem eine Form der Weggemeinschaft, das Zweite Vatikanische Konzil hat die Vielfalt der Charismen, die unterschiedlichen Rollen wie auch das gemeinsame Priestertum aller Getauften betont. Gemeinde muss erreichbar, lokal und konkret sein. Was für den Priester wichtig ist, ist sich als Teil einer Gemeinschaft zu fühlen und erfahren zu können. Viele Mitbrüder vereinsamen auch, weil sie selbst nicht in einer Gemeinde verwurzelt sind. Das Bild vom Hirten in der Geburtsregion der Kirche meint einen Hirten, der inmitten seiner Herde geht. Der Papst möchte, dass ein Hirte so intensiv in Mitten seiner Herde geht, dass er den „Geruch" seiner Herde angenommen hat. Und das ist mit den Formen, in denen wir derzeit Priestertum und Pfarrgemeinde leben, kaum herstellbar. Vielleicht kommen wir stärker zu jenen Formen, wie sie auch in anderen Teilen der Welt gelebt werden, wo eine wesentliche Arbeit der Gemeindebildung von Katecheten geleistet wird. Der Grundauftrag der Kirche ist die Überbringung der Frohen Botschaft. Liturgie, Verkündigung, das Tun der Liebe, Leben von Gemeinschaft, das gehört zusammen. Sodass Menschen auch in den Schwierigkeiten ihres Lebens spüren und erfahren können, dass Gott ein Gott ist, der uns in die Weite führt, der will, dass unser Leben gelingt, der uns nicht klein und geknickt möchte, sondern aufrecht und gerade. Und diese freudige, befreiende Botschaft erfahrbar werden zu lassen, darum geht es im Tun der Kirche. Das ist ein Dienst, der ein gemeindlicher Dienst insgesamt ist. Er wird von einer Gemeinde in ihrer Vielfalt geleistet und nicht von einem, der aufgrund der Weihe zum Animateur gemacht wird.

Pernkopf: Du sprichst also besonders die Bedeutung von gemeindlichen Diensten an. Das ist auch etwas, dass mich gerade in Hinblick auf dieses Metaversum besonders beschäftigt. Die zunehmende Digitalisierung und digitale Transformation ermöglichen uns in vielen wirtschaftlichen Bedürfnissen einen

Fortschritt. Doch bei den sozialen Bedürfnissen, bin ich mir noch nicht ganz sicher, ob uns die Digitalisierung dabei hilft sie zu erfüllen. In diesem Metaversum, also einer digitalen Parallelwelt, wie kann dort Gemeinde gelebt werden? Oder geht das gar nicht?

Landau: Ich glaube, es ist dabei vor allem wichtig beides, die Digitalisierung und die reale, analoge Welt zu akzeptieren und anzunehmen. Wir dürfen diese beiden Welten nicht gegeneinander ausspielen. Die Digitalisierung findet statt und erleichtert uns vielerorts den Alltag. Sie aufhalten zu wollen wäre so, als würde man die Zahnpasta zurück in die Tube drücken wollen. Aber es geht darum, wie wir sie gestalten, dass es also nicht zu neuen Formen des Ausschlusses und der Spaltung kommt.

Aber natürlich ist es wichtig, nach diesem enormen Digitalisierungsschub durch die Pandemie, dass wir auch weiter an den persönlichen Begegnungen und dem sozialen Austausch festhalten. Ich erinnere mich dabei an eine Bemerkung der deutschen Caritaspräsidentin. Sie meinte bei einem unserer Treffen, sie habe wirklich genug von den vielen Kachelkonferenzen. Als Kachelkonferenzen hat sie unsere Videokonferenzen bezeichnet, weil man da immer nur so ein kleines Bild von den Menschen und Gesprächspartnern sieht. Ich fand das sehr treffend. Die Qualität des Austauschs ist natürlich nicht die gleiche, wenn man sein Gegenüber nicht spürt. Oder in der Pflege: Da kann Digitalisierung manches erleichtern, etwa bei der Dokumentation. Das sollten wir nützen, aber mit einem klaren Blick für das Entscheidende in der Pflege, nämlich die analoge Beziehung von Mensch zu Mensch. Die Digitalisierung ist Mittel, nicht Zweck oder Ziel.

In der Frage, wie wir mit der zunehmenden Digitalisierung unserer Gesellschaft umgehen, müssen wir vor allem auch immer mitdenken, dass viele unserer Gesellschaft keinen gleichwertigen Zugang zur digitalen Welt haben. Das haben wir auch ganz stark während der Pandemie gesehen. Viele Schüler in einkommensschwachen Haushalten haben keinen eigenen Laptop und keine superschnelle, unbegrenzte Internetanbindung. „Distance learning" war für diese Kinder und Jugendliche noch viel belastender als für den Rest. Hier ist viel nachzuholen, und wir müssen besonders Acht darauf geben, dass mit der zunehmenden Digitalisierung keine Exklusion von neuen Randgruppen entsteht. Darauf müssen wir in den Transformationen achten, die anstehen. Wir sollen den Fortschritt nutzen, ohne Angst, auch im Sozialen, in der Begleitung, Beratung. Aber es geht um einen Fortschritt mit menschlichem Antlitz und Maß.

Pernkopf: Jetzt sind wir schon beim Thema Kinder. Was erwartet ein Kind, das heute in Österreich geboren wird?

Landau: Zunächst grundsätzlich: Wer in Österreich zur Welt kommt, hat, bei allen Schwierigkeiten, die es gibt, in der Geburtsortlotterie einen Haupttreffer gezogen. Es ist nicht unser Verdienst, in Österreich auf die Welt gekommen zu sein. Wir haben Glück gehabt. Für mich liegt hier eine der Wurzeln für eine Grundmelodie der Dankbarkeit – nicht zuletzt den Generationen vor mir gegenüber, die das alles vielfach aufgebaut haben.

Natürlich müssen wir sagen: Wir alle wissen nicht, wie die Welt in 20 oder 30 Jahren aussehen wird. Aber es wird ganz wesentlich auch von uns abhängen. Wir können nicht alles ändern, aber erstaunlich viel, wenn wir es wollen, und die Zeit drängt. Generationensolidarität ist da ein wichtiges Thema. Wie hinterlassen wir den Kindern unsere Welt? Um diese Generationensolidarität geht es aus meiner Sicht auch jetzt in der Corona-Krise. Kinder und Jugendliche haben in der Pandemie sehr viel zum Gemeinwohl beigetragen und auf vieles verzichtet. Sie haben jetzt ein Anrecht auch auf unsere Solidarität.

Zugleich bin ich zuversichtlich. Wer Klimakrise sagt, muss auch „Fridays for future" sagen – junge Menschen engagieren sich und sind bereit, sich auch persönlich einzusetzen. Das sehe ich auch, wenn ich an die „young Caritas" in Österreich und in Europa denke. Eine Generation von Egoistinnen und Egoisten sieht anders aus.

Pernkopf: Was soll bleiben, was soll sich gesellschaftspolitisch ändern?

Landau: Armut ist ein Stück Realität in Österreich. In den Städten wie am Land. Wir sollten in der Armutsvermeidung und Armutsbekämpfung ein

Stück weiterkommen. Das ist mir auch als Caritasverantwortlicher ein Kernanliegen. Zugleich weiß ich, dass das Thema Mobilität am Land ganz zentral ist. Da sehe ich, verbunden mit den Chancen von Digitalisierung, auch die Möglichkeit, dass wieder mehr junge Menschen und Familien bleiben oder kommen, weil sie Chancen auf Erfolg mit Familie und Lebensqualität verbinden können. Arbeit gibt es ja um des Menschen willen und nicht umgekehrt.

Das führt mich auch zu dem, was bleiben soll. Der gute Grundwasserspiegel der Solidarität und Nächstenliebe etwa. Die Bereitschaft aufeinander zu schauen und füreinander da zu sein. Der Respekt für Unterschiede. Jede und jeder hat etwas einzubringen. Und vielleicht könnte es sich in einer zusammenwachsenden Welt auch lohnen, wenn wir uns neu als so etwas wie eine „Dorfgemeinschaft Österreich" verstehen. Eine Dorfgemeinschaft, die ein Interesse daran hat, dass es auch den anderen gut geht, weil letztlich, denke ich, das eigene Glück nur dann stabil ist, wenn wir es ein Stück weit mit den Nachbarinnen und Nachbarn teilen. Und das führt ein Stück weit zum Anfang des Gesprächs zurück: Das eigene Glück wird, wenn wir es teilen, nicht weniger, sondern zumeist mehr.

Holz: Erle
Länge: Kurzstiel

Werkstattgespräch mit Stephan Pernkopf

„Es gibt wirklich wenig Grund, in Österreich zu jammern. Wir haben alle Chancen und Möglichkeiten und die müssen wir nutzen!"

In diesem Gespräch beschreibt Stephan Pernkopf nochmals seine zentralen, gesellschaftspolitischen Gedanken, die als Resultat aus diesem Buch und den Werkstattgesprächen entstanden sind. Das Gespräch führte Elisabeth Kern, die Geschäftsführerin des Trägervereins des Projekts – Neu.Land.Leben.

Kern: Stephan, ich wusste ja, dass Du begeisterter Handwerker bist, aber so eine riesige Holzwerkstatt habe ich ehrlich gesagt nicht erwartet. Warum wolltest Du mit Deinen Gesprächspartnern ausgerechnet einen Holzschuhlöffel machen?

Pernkopf: Mir war dieses Setting in der Werkstatt deshalb so wichtig, weil ich der Meinung bin, dass nirgendwo ein so intensiver Austausch passiert wie beim gemeinsamen Arbeiten in der Werkstatt. Nur durch das Reden und gemeinsame Arbeiten kommen die Leute zusammen. Die Idee mit dem Schuhlöffel kam daher, dass ich mich immer furchtbar geärgert habe, wenn mir die Plastikschuhlöffel abgerissen sind und die aus Metall haben sich immer verbogen. Aus der Not heraus hab' ich mir dann irgendwann selbst einen geschnitzt. Das ist für mich symbolträchtig für das Motto zu diesem Buch: „Wir müssen vom Reden ins Tun kommen." Holzschuhlöffel sind nachhaltig, beständig und verbinden uns mit der eigenen Heimat. Spannend war, dass es bei dem Format des Werkstattgesprächs immer einen Teil gab, bei dem wir uns geistig ausgetauscht haben und einen, bei dem wir mit unseren handwerklichen Fähigkeiten etwas Handfestes geschaffen haben – also ein ganz konkretes Ergebnis. Gerade in der heutigen Zeit, sollte es viel mehr um solch konkreten Ergebnisse gehen.

Kern: Als ich zum ersten Mal Deine Notizen zu unserem Buch gelesen habe, bin ich schon damals bei einer Überschrift ganz besonders hängengeblieben. Du sagst: „Wir brauchen einen Wandel weg von der Ökodiktatur hin zur Ökodemokratie." Aber was genau sind jetzt Deine konkreten Vorschläge dazu?

Pernkopf: Die Idee zum Projekt ist während der Zeit der Pandemie entstanden. Für mich war klar: Es muss ein Mutmacher-Buch werden. Denn wir sind von einer „schnelllebigen Zeit" in eine „sich schnell verändernde Zeit" gekommen. Die Pandemie und die kriegerische Auseinandersetzung in der Ukraine, mit all ihren Folgen, sind die großen Herausforderungen der Zeit. Dadurch gibt es aktuell ein maßgeblich bestimmendes Thema, worum sich viele von uns den Kopf zerbrechen. Das Thema der Versorgungssicherheit ist so präsent wie nie zuvor. Am Beispiel der Energiewende sieht man das sehr eindrücklich: Bis vor zwei Jahren war das Argument für die Umstellung von fossiler auf erneuerbarer Energie immer, dass wir damit den CO_2 Ausstoß senken können. Das war und ist ja nach wie vor richtig und wichtig, weil wir in Zeiten einer Klimakrise alles daransetzen müssen, um dem entgegenzuwirken. Aber: Für die Menschen ist eine Tonne CO_2 eben kaum begreifbar und als Ziel sehr abstrakt.

Jetzt, mit dem Krieg in der Ukraine, ist das Hauptmotiv für die Umstellung auf erneuerbare Energien, unabhängiger und sicherer in der Energiegewinnung zu werden.

Es geht also statt um eine verordnete, abstrakte Energiewende um eine gewollte, greifbarere und von eigenen Interessen getriebene Energiewende. Das heißt, jetzt geht es um Preissicherheit und Versorgungssicherheit. Ich bin überzeugt davon, dass dieses Motiv viel stärker ist. Und deshalb wird sich der Totalumbau des Energiesystems hin zu Erneuerbaren von der Geschwindigkeit dramatisch erhöhen.

Früher hieß es, die Erneuerbaren wären zwar teuer, aber wegen der Klimafolgen notwendig. Jetzt durch den Ukrainekrieg sehen wir, dass Länder mit einem hohen Anteil an erneuerbaren Energien kostengünstiger in der Stromgewinnung produzieren. Das hat eine kostendämpfende Wirkung

für die Konsumentinnen und Konsumenten. Das sieht man sehr deutlich an den Strombörsen: Wenn Wind oder Sonnenstrom eingespeist wird, dann sinkt der Strompreis eklatant. Es gibt hier also einen Paradigmenwechsel.

Österreich, das hat der Ökonom Gabriel Felbermayr auch so bestätigt, wird heuer statt 10 Milliarden Euro, 20 Milliarden für fossile Energie ausgeben. Das sind 10 Milliarden Euro Zusatzkosten, die mit ein Mal Fingerschnippen passieren, weil wir abhängig von fossilen Energieträgern und somit erpressbar sind. Bleiben wir also konkret: Wir haben Gott sei Dank das Erneuerbare-Ausbau-Gesetz beschlossen – das sieht Förderungen in Höhe von einer Milliarde Euro pro Jahr vor. Diese werden von den Stromkunden, den Haushalten und der Wirtschaft bezahlt. Dem stehen die genannten kurzfristigen Mehrkosten von 10 Milliarden gegenüber. Somit lässt sich leicht erkennen: Zu dieser Milliarde im EAG sollte man nochmal eine Milliarde dazulegen, um das Energiesystem möglichst rasch umzubauen. Das rechnet sich volkswirtschaftlich. Damit können wir unabhängiger und sicherer werden.

Kern: Warum muss denn der Staat hier überhaupt so offensiv in die Förderung gehen, wenn sich das alles ja selbst trägt und refinanziert?

Pernkopf: Es war bisher grundsätzlich immer eine Preisfrage. Es hat sich in den letzten Jahren vieles in der Technologie der Erneuerbaren getan. Wenn man überlegt, welche Leistungen die Photovoltaik-Paneele noch vor 10 Jahren hatten und welche Anschaffungskosten dem gegenüberstanden und dann vergleicht, wie diese Rechnung heute aussieht, dann kann niemand abstreiten, dass es hier einen rasanten positiven Fortschritt gegeben hat. Dafür sind aber Lenkungseffekte notwendig.

Jetzt müssen wir weg vom „Bittstellerprinzip" hin zu einer „Der Staat sagt Danke-Mentalität". Was meine ich damit? Statt der vielen komplizierten Antragstellungen für irgendeine Förderung wäre es einfacher, wenn jeder, der jetzt eine ökologische Maßnahme zur erneuerbaren Energiegewinnung setzt, mit der Rechnung für die Anschaffungskosten zu einer zentralen Stelle geht und dort einreicht. Die Rechnung wird so zur Gutschrift für die Förderung. Das wäre eine riesige Vereinfachung an Bürokratie.

Kern: Du hast schon angesprochen, dass das Megathema dieser Zeit die Versorgungssicherheit ist. Jetzt haben wir lange über die Versorgungssicherheit im Energiesektor gesprochen – wie sieht es mit anderen Bereichen aus – Lebensmittel, Medikamente, Computerchips?

Pernkopf: Richtig. In fast allen Bereichen haben wir in den letzten Jahrzehnten zu wenig Vorkehrungen für die Versorgungssicherheit getroffen. Warum haben wir jetzt gerade eine „Chipkrise"? Weil alle Techgiganten ihre Produktionsstätten in die Billiglohnländer verlegt haben und es kaum noch Produktionsstätten in Europa gibt. Die Autobahn war das Lager und alles musste „just in time" gehen. Das geht nicht mehr. Wenn wir nicht mehr erpressbar sein wollen, dann brauchen wir eine Bevorratung. Vor allem in den systemrelevanten Bereichen. Das geht von der medizinischen Schutzausrüstung über viele andere Produkte bis hin zu den Düngemitteln, die wir bei uns in Österreich brauchen, damit die Bäuerinnen und Bauern unsere Lebensmittel produzieren können. Bevorratung gehört zu

den wichtigsten Aufgaben eines verantwortungsvollen Staates, die Bürgerinnen und Bürger auch im Krisenfall zu versorgen.

Nur das, was wir wirklich sehen und fühlen können, ist auch real existent. All das, was als reales Produkt vorliegt, darüber können wir verfügen und das ist dann auch für die praktische Arbeit verfügbar. Die globalen Lieferketten sind zu fragil geworden. Das Beste ist also, wenn Produkte bei uns in Europa produziert werden können, das Zweitbeste, wenn die Produkte aus Drittstaaten zumindest bei uns in Europa bevorratet werden, um für den Fall der Krise gerüstet zu sein.

Wir müssen uns bei allen strategisch bedeutsamen und lebensnotwendigen Produkten neu organisieren. Das ist eine zentrale Aufgabe Europas, um unabhängiger von ausländischen Mächten und Märkten zu werden.

Kern: Du sprichst da jetzt eine zentrale Rolle Europas an. Was ist für Dich Europa?

Pernkopf: Europa ist das zentrale Friedensprojekt. Wir erfahren jetzt, wie wichtig es war und ist, dass das europäische Friedensprojekt der zentrale Kern ist. Wir brauchen Frieden. Ohne Frieden entsteht furchtbares Leid und blinde Zerstörung, bei der es keine Gewinner gibt. Die Weiterentwicklung Europas ist für unsere Kinder sehr bedeutsam, weil es um viele neue Themen geht.

Unlängst durfte ich Ferdinand von Schirach, einen deutschen Schriftsteller, bei einer Veranstaltung hören. Er hat sechs neue Grundrechte für Europa festgeschrieben. Drei davon gefallen mir sehr gut.

Der Artikel 1: „Jeder Mensch hat das Recht, in einer gesunden und geschützten Umwelt zu leben." Dazu muss ich nicht viel sagen, man weiß, dass der Umwelt- und Klimaschutz eines meiner Herzensthemen ist. Gerade im Kontext mit der Frage zur Zukunft Europas muss ich erwähnen, dass ich es für eine der größten Fehler halte, dass die EU-Kommission die Erzeugung von Atomstrom als „grün" deklariert hat. Das ist für mich nicht nachvollziehbar. Ich lehne das strikt ab.

Aber auch der Artikel 2 („Jeder Mensch hat das Recht auf digitale Selbstbestimmung. Die Ausforschung oder Manipulation von Menschen ist verboten.") und Artikel 3 („Jeder Mensch hat das Recht, dass ihn belastende Algorithmen transparent, überprüfbar und fair sind. Wesentliche Entscheidungen muss ein Mensch treffen."), sollten meiner Meinung nach stärker in den Fokus gerückt werden.

Vor uns liegt ein neues Zeitalter der Digitalisierung. Der Mensch und das menschliche Wesen, die Seele und der menschliche Geist, müssen immer die Oberhand, die letzte Verantwortung und Entscheidung haben. Die Maschinen dürfen nie das Sagen über uns Menschen haben.

Kern: Hast Du auch deshalb das Metaversum in diesem Buch so offensiv thematisiert?

Pernkopf: Die zunehmende Digitalisierung führt zu neuen Chancen, aber auch zu neuen Bedrohungen und Risiken. Wir müssen sehr genau wissen, worauf wir uns einlassen. Ich bin ein Mensch, der sehr viel Wert legt auf zwischenmenschliche Beziehungen. Ich bin skeptisch, ob die digitale Welt das ersetzen kann.

Mir fällt ein interessanter Satz ein: „Man sollte doch auch mal eine Liste von den Dingen erstellen, die man nicht digitalisieren kann oder die wir nicht digitalisieren wollen." Digitalisierung nützt, wenn es uns die Arbeit erleichtert, aber ich glaube zum Beispiel nicht, dass wir Emotionen digitalisieren sollten – auch wenn es diese Versuche mittlerweile schon gibt. Hier müssen wir mit mehr kritischen Hausverstand an die Sache gehen.

Kern: Zum Thema Hausverstand passt ja auch die Geschichte, die Du im Buch geschildert hast: Von der Lampe, die weggeworfen werden musste, weil man die Glühbirne darin nicht austauschen konnte. Ist das Recht auf Reparatur und leistbare Ersatzteile eine Frage des Hausverstands?

Pernkopf: Das ist eine Frage des Hausverstands und sollte schon lange umgesetzt sein. Die Bemühungen auf EU-Ebene mit dem „Recht auf Reparatur" sollten stärker forciert werden. Oberstes Ziel ist der nachhaltige Einsatz von Ressourcen und Langlebigkeit von Gütern. Wir müssen weg von der Wegwerfgesellschaft hin zur Kreislaufwirtschaft. Das ist für mich einer der zentralen Punkte für die Zukunft.

Kern: Wenn wir schon bei den zentralen Punkten für die Zukunft sind, dann gleich eine Nachfrage zum Begriff der „Dableibensvorsorge", den Du ja geprägt hast. Was braucht es, damit die die Leute am Land bleiben?

Pernkopf: Zuallererst natürlich Arbeit. Homeoffice zeigt ja, dass Arbeit nicht immer im Großraumbüro stattfinden muss, sondern auch von Zuhause aus gut möglich ist, da wird der Ländliche Raum zum perfekten Arbeitsplatz im Grünen. Aber es müssen auch Arbeitsplätze vor Ort entstehen. Ein aktuelles Beispiel aus Nordschweden bestärkt mich dabei, was alles möglich ist. Dort entstehen in den nächsten Jahren bis zu 100.000 neue Arbeitsplätze, weil Forschung und Wirtschaft sich in einer gemeinsamen Kraftanstrengung auf die Ressourcen und Stärken der Region konzentrieren. Nämlich Erneuerbare Energie, nachwachsende Rohstoffe, Natur und Klima. Einige dieser Arbeitsplätze dürften übrigens auch von Niederösterreich aus angestoßen worden sein, denn ein Weinviertler Unternehmen errichtet dort einen großen Windpark.

Zu den zentralen Themen wird die Gesundheitsversorgung am Land, aber auch in der Stadt. Da sind die Gesundheitsberufe zentrale Eckpfeiler. Wenn wir genug Menschen in die Gesundheitsberufe bringen wollen, geht es neben der besseren Bezahlung vor allem um die Aufstockung der Ausbildungsplätze. Ich werde dafür kämpfen, dass die Anzahl der Medizinstudienplätze aufgestockt wird, weil wir mehr Absolventen in den Praxen der Landärzte, Fachärztinnen und Fachärzte in den Spitälern und auch in den Forschungseinrichtungen brauchen werden.

Dazu ein plakatives Beispiel: Wenn derzeit 100 junge Menschen eine Aufnahmeprüfung für das Studium absolvieren, dann sagen wir 90 von ihnen, dass wir sie eigentlich nicht brauchen können. Gleichzeitig lesen diese 90 Menschen täglich in der Zeitung davon, dass wir einen Ärztemangel haben.

Ich halte das für eine verantwortungslose Zukunftsverweigerung. Ein Ausbildungsplatz kostet dem Staat ca. 60.000 Euro im Jahr. Derzeit haben wir in Österreich rund 1.800 Medizinstudienplätze. Mein Vorschlag: Wir stocken diese um rund ein Drittel, sprich also um 600 Studienplätze, auf. Das wären 36 Millionen Euro Mehrkosten pro Jahr. Um das in einen Verglich zu setzen: Das sind die Kosten, die derzeit in anderthalb Tagen zu Stande kommen, weil unsere Öl- und Gasimporte teurer werden. Wir hätten mehr junge Menschen in den Gesundheitsberufen und könnten die Versorgung in allen Lebensräumen sicherstellen.

Bei der „Dableibensvorsorge" brauchen wir mehr Kreativität. Wenn wir davon reden, dass der Ländliche Raum auch zum Arbeitsraum der Zukunft wird, müssen wir auch den derzeitigen Status quo überprüfen. Viele Arbeitnehmer vom Land pendeln derzeit noch in die Stadt. Mit dem Pendlerpauschale versucht der Staat den Ausgleich von Ungleichheiten. Nämlich die finanziellen Benachteiligungen, die durch Fahrtkosten jenen Arbeitnehmerinnen und Arbeitnehmern entstehen, die vom Land in die Stadt pendeln müssen, weil es am Land weniger Arbeitsplätze gibt. Das ist legitim und richtig. Aber es muss auch die Frage erlaubt sein, warum es nicht auch eine Dableiber-Pauschale für all jene

geben, die einen Job am Land annehmen und deshalb nicht pendeln? Wenn der Staat jenen finanziell hilft, die in den allermeisten Fällen vom Land in die Stadt pendeln, warum gewährt er nicht auch umgekehrt eine finanzielle Hilfe für all jene, die am Land bleiben?

Homeoffice und Facharbeitermangel zeigen, dass es in vielen Branchen wieder mehr Möglichkeiten gibt, am Land gute Arbeit zu finden. Ein Lohngefälle zwischen Stadt und Land soll durch ein „Dableiber-Pauschale" möglichst in die andere Richtung ausgeglichen werden und Arbeitsplätze am Land attraktiver machen. Das nützt auch dem Klima, weil weniger Mobilität notwendig wird.

Kern: Du hast jetzt schon mehrmals angesprochen, wie wichtig die Menschen für die Politik sind und dass es nicht umgekehrt sein darf. Wie hast Du den Weg in die Politik gefunden? Ist Politik heute noch das Gleiche wie vor zehn Jahren?

Pernkopf: Ehrlich gesagt, nein. Politik ist heute nicht das Gleiche wie vor zehn Jahren. Das liegt einerseits in der Natur der Sache, aber auch daran, dass es in den letzten Jahren noch nie so viele und geballte Herausforderungen gab, wie derzeit. Die Pandemie und der russische Angriffskrieg sind fürchterliche Jahrhundertereignisse, mit denen wir noch in den nächsten Jahren kämpfen werden. Hinzu kommt die Klimakrise.

In der Politik sind starke Verbindungen entscheidend. Die Rede ist oft von „Netzwerken". Netzwerke sind gut, aber noch lange keine echten Freundschaften. Über einem Freund steht immer die Überschrift „Bedingungslose Verlässlichkeit". Netzwerke enden im Unterschied zu Freundschaften, wenn der gegenseitige Nutzen wegfällt. Diesen Unterschied muss man sich immer vor Augen halten, um beständig in der Politik bleiben zu können.

Kern: Du hast im ersten Teil dieses Buches auch gesagt, ein lokalpolitisches Amt oder eine lokalpolitische Funktion sollte Voraussetzung für andere politische Funktionen auf Landes- und Bundesebene sein?

Pernkopf: Mein Hausverstand sagt mir, dass man als Politiker die Basisarbeit kennen sollte. Ich war neun Jahre lang bei uns im Gemeinderat tätig und bin über Vorzugstimmen demokratisch hineingewählt worden. Die Verankerung in der Basis ist enorm wichtig. Die Anliegen der Bürgermeisterinnen und Bürgermeister und aller Menschen vor Ort zu kennen ist wesentlich für die weitere politische Arbeit. Das politische Handwerk lernt man am besten an der Basis. Der Kontakt zu den Menschen ist dort am direktesten und nächsten.

Kern: Ein Thema, welches die Menschen an der Basis beschäftigt, ist meiner Meinung nach der Flächenverbrauch. Du schreibst: „Raumplanung ist die Königsdisziplin". Kann es sein, dass der ländliche Raum immer wieder als Ausgleichs- und Verschubmasse für die Fehler in der städtischen Raumplanung herhalten muss?

Pernkopf: Das ist ein sehr emotionales Thema und deshalb würde ich gerne zwei Dinge unterscheiden. Sinnloser Flächenverbrauch ist Verschwendung und muss sofort gestoppt werden. Für mich gibt es aber auch eine Art von sinnvoller Bodennutzung. Das ist der Fall, wenn Arbeits-

plätze entstehen, beispielsweise durch Betriebsansiedelungen und durch Zuwanderung von neuen Firmen- oder Forschungsstätten. Es geht auch darum, Grundstücke, die schon bebaut sind, egal ob Industrieruinen oder alte Wohnhäuser, wieder nutzbar zu machen. Da gibt es gute und funktionierende Ideen für die Ortskernbelebung, das braucht aber noch mehr Unterstützung, wie zum Beispiel beim Abriss alter Häuser. Es muss sich lohnen, wieder aufs Land zu ziehen und den Bestand an Immobilien zu nutzen.

Bereits beanspruchtes Gebiet muss wieder nutzbar gemacht werden – für Betriebe, für Wohnungen, aber auch für die Landwirtschaft! Meine zweite Idee: Individuelle Anreize für eine Leerstandsoffensive schaffen! Viele junge Familien würden aufs Land ziehen, wenn es steuerliche Anreize gibt.

Kern: *Auch alle anderen Gesprächsteilnehmer mussten diese Frage beantworten, deshalb stelle ich sie Dir ebenfalls: Was soll gesellschaftspolitisch bleiben und was soll sich ändern?*

Pernkopf: Die gelebte Nachbarschaftshilfe und der Zusammenhalt in der Gesellschaft müssen unbedingt bleiben.

Was sich ändern soll? Da muss ich an das Gespräch mit dem Präsidenten Landau denken. Er hat davon gesprochen, dass wir in Österreich einen Haupttreffer in der Geburtsortlotterie gemacht haben. Er hat völlig Recht: Es gibt wirklich wenig Grund, in Österreich zu jammern. Wir haben alle Chancen und Möglichkeiten und die müssen wir nutzen!

Bücher

Werner Bätzing, Das Landleben, Verlag C.H. Beck
Paul Collier, Sozialer Kapitalismus, Siedler Verlag
Daniel Dettling, Eine bessere Zukunft ist möglich, Kösel Verlag
David Goodhart, The road to somewhere, Millemari.
Maja Göpel, Unsere Welt neu denken, Ullstein Verlag
Yuval Noah Harari, Eine kurze Geschichte der Menschheit,
Pantheon Verlag
Johannes Huber, Die Kunst des richtigen Maßes, edition a
Karl R. Popper, Alles Leben ist Problemlösen, Piper Verlag
Melanie Wolfers, Zuversicht, bene Verlag

Zitate

Markus Hengstschläger
Christian Morgenstern
Hartmut Rosa
Robert Quillen

Quellen

Statistik Austria
brand eins
Zeitblueten.com
Klimaschutzbericht 2021, Umweltbundesamt
ADEG Dorflebenreport 2021

Kurzbiografie

Stephan Pernkopf wurde 1972 in Scheibbs in Niederösterreich geboren. Er besuchte die Höhere Bundeslehr- und Forschungsanstalt Francisco Josephinum in Wieselburg und studierte anschließend an der Universität Wien, wo er zum Doktor der Rechtswissenschaften promovierte.

Pernkopf war ab 1999 in der Niederösterreichischen Versicherung und später als Politischer Referent der VP Niederösterreich tätig. Sein Weg führte ihn in verschiedene Ministerkabinette, unter anderem war er als Kabinettschef im Landwirtschafts-, sowie im Finanzministerium tätig. Seit 2009 ist er Mitglied der Niederösterreichischen Landesregierung, seit 2017 als Stellvertreter der Landeshauptfrau. Zu seinen Agenden zählen unter anderem Energie und Umwelt, Raumordnung, die Landeskliniken sowie die Landwirtschaft.

2012 wurde er zum Präsidenten des Ökosozialen Forums gewählt, seit 2019 ist er der Obmann des Niederösterreichischen Bauernbundes und initiierte 2021 den Verein Neu.Land.Leben, wo er auch die Schirmherrschaft übernahm.

Pernkopf lebt mit seiner Frau und seinen drei Kindern in Wieselburg.